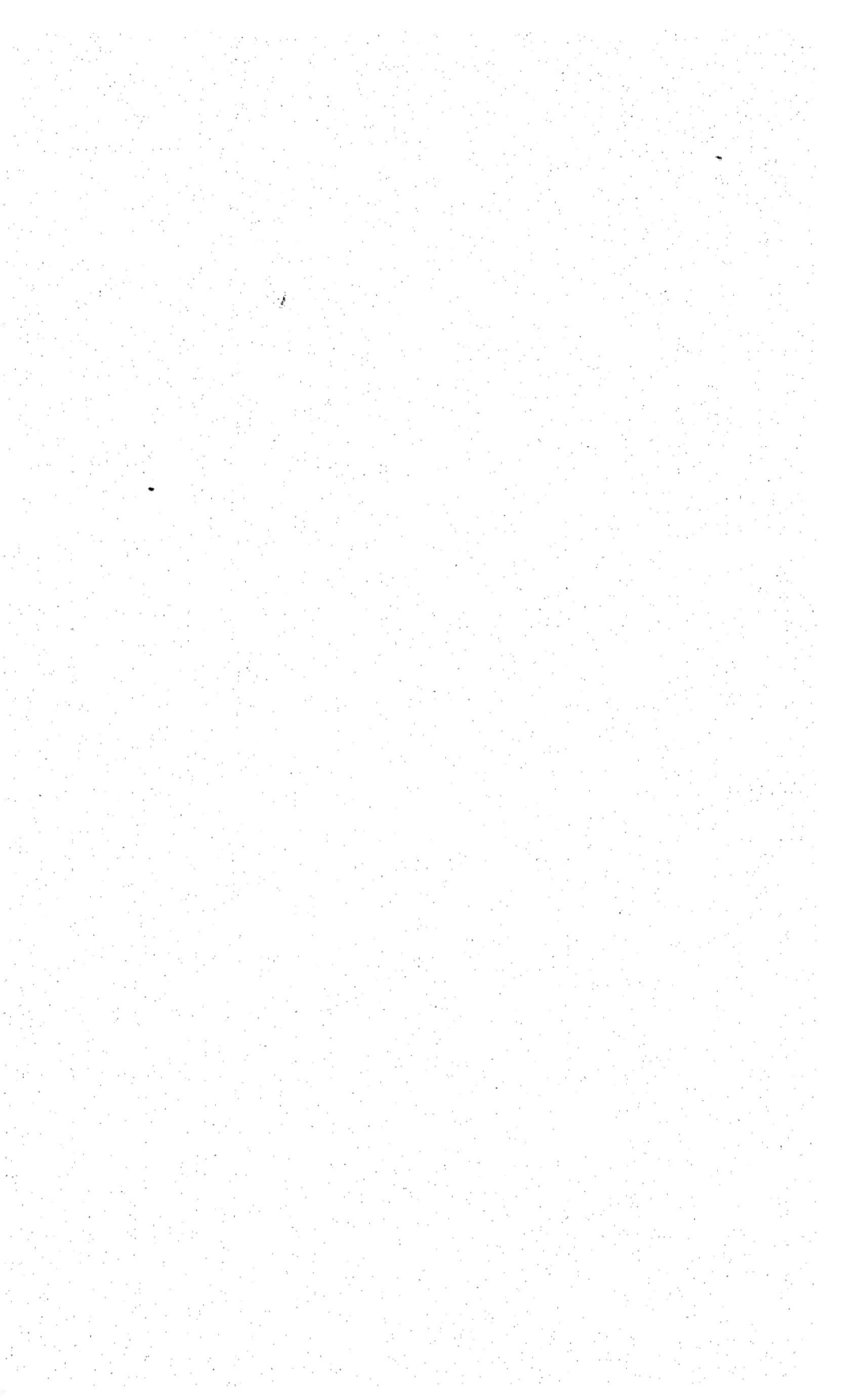

Emile LE ROY

LE THÉÂTRE

DE CHALONS

L'ART DRAMATIQUE

EN PROVINCE

L'Influence du Théâtre
Le Théâtre & les Artistes
Le Théâtre de Chalons
Réformes utiles

CHALONS-SUR-MARNE

LE ROY, Imprimeur-Libraire-Editeur, rue d'Orfeuil, 27

1882

LE

THÉATRE DE CHALONS

3870

Emile LE ROY

LE THÉATRE

DE CHALONS

L'ART DRAMATIQUE

EN PROVINCE

L'Influence du Théâtre
Le Théâtre & les Artistes
Le Théâtre de Chalons
Réformes utiles

CHALONS-SUR-MARNE

LE ROY, Imprimeur-Libraire-Editeur, rue d'Orfeuil, 27

1882

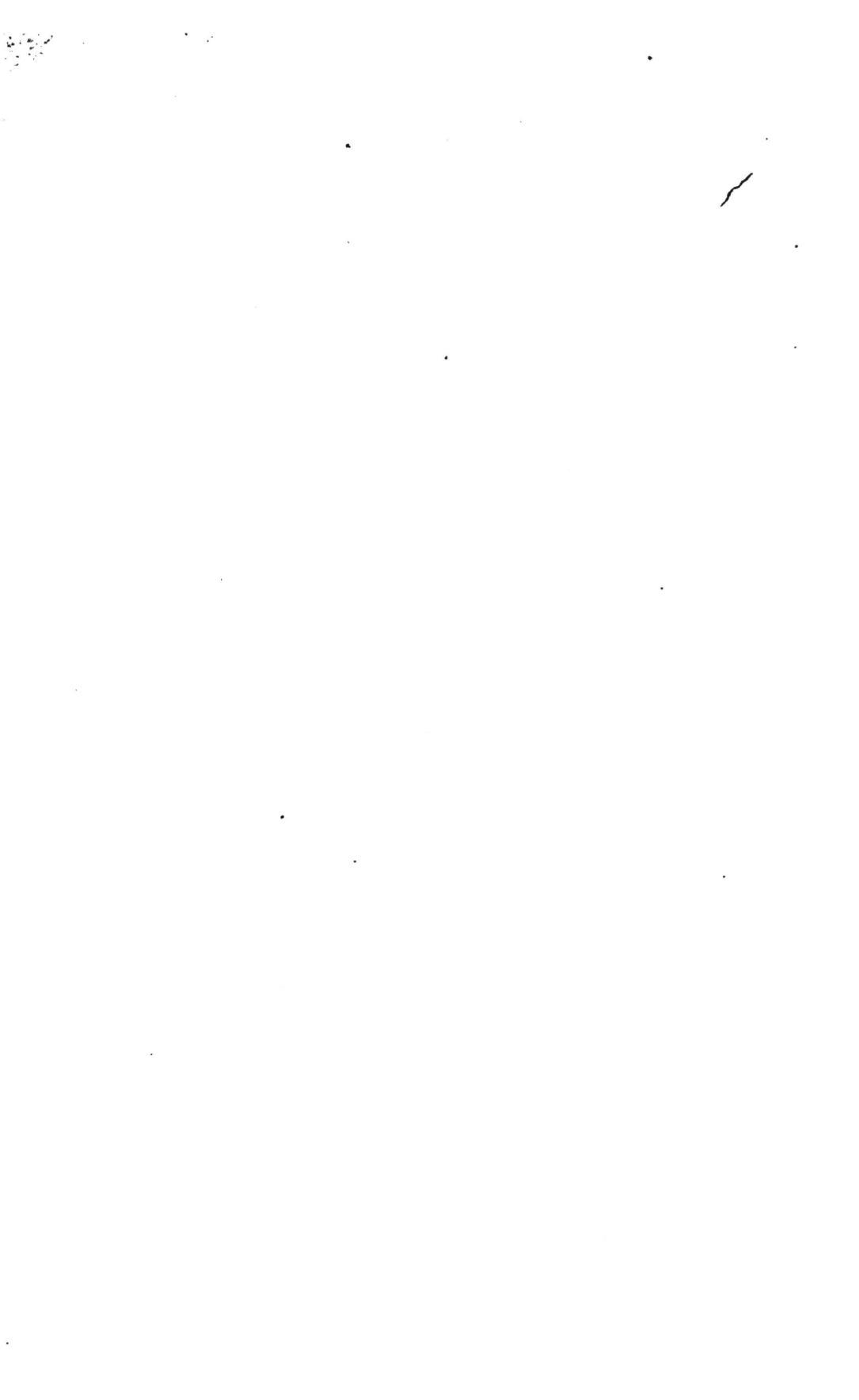

CHAPITRE Ier

Le Théâtre. — Son utilité; son influence.

Il y a dix-neuf siècles, le poëte latin, parlant du théâtre, disait: *Castigat ridendo mores.* C'est la meilleure définition qui ait jamais été donnée ; car c'est surtout en flagellant le vice, en étalant le ridicule, en faisant rire, que le théâtre est un des plus puissants éléments de moralisation. Il est également un des instruments les mieux perfectionnés pour répandre dans toutes les classes de la société l'éducation, l'instruction, la correction des mœurs, l'idéal de l'art, du beau et du juste. C'est qu'en effet, d'un côté, il exerce sur les esprits une très-grande attraction ; et de l'autre, il peut mettre en œuvre une multiplicité de moyens pour plaire, aussi bien que pour développer soit une thèse sociale, soit une idée philosophique et morale. En un mot, il possède les ressources les plus efficaces pour jeter dans le cœur de celui-ci le germe d'une belle action, pour enflammer le courage de celui-là.

Ici, il rend le vice odieux ; là, il remue la fibre patriotique, et toutes les personnes qui fréquentent le théâtre savent.combien les masses se laissent facilement émouvoir, soit par le récit d'une action d'éclat, soit par l'ensemble d'un caractère noble et élevé.

L'action du théâtre sur les masses est d'ailleurs d'autant plus grande que l'amour du spectacle, c'est-à-dire de tout objet qui attire les regards et l'attention, semble inné chez l'homme. On le trouve chez l'enfant qui est pris d'un fou rire devant les grosses farces de Guignol, de même qu'on l'aperçoit chez les peuples primitifs, qui avaient besoin de divertissements, de fêtes publiques, d'exhibitions majestueuses et symboliques.

Le besoin d'imitation, le culte de la tradition le souvenir des héros sont les raisons mêmes du théâtre ; ce sont elles qui lui ont donné naissance et qui ont engagé les Grecs à en faire un art, c'est-à-dire à établir des représentations théâtrales bien ordonnées.

Sans faire l'historique du théâtre, nous croyons néanmoins devoir rappeler très-succinc-

tement qu'on peut faire remonter la création de
ce genre de représentations vers l'an 600 avant
notre ère. Ces spectacles n'avaient lieu qu'en
certains temps de l'année et particulièrement à
la célébration des fêtes de Bacchus.

Thespis, chez les Grecs, fut le premier qui,
pour représenter ses pièces, promena ses acteurs
sur un théâtre ambulant : c'était tout simplement un chariot.

Eschyle, après lui, s'avisa de construire un
théâtre sur des tréteaux et de l'orner de décorations convenables au sujet.

Dans un autre chapître, nous reviendrons sur
le mode de construction et sur les agencements
du théâtre. Ici nous ne voulons parler que de
l'utilité du théâtre et de son influence sur les
mœurs.

Dans l'ancienne Grèce, chez ce peuple, petit
par le nombre, grand par la dignité, par la vertu
et par la passion du beau, le poëte exalte sans
cesse l'idée patriotique ; il peint les combats ; il
stigmatise le crime ; il honore le courage, et il
acquiert une telle force sur les masses, que tout
le peuple se passionne pour ces admirables luttes, dans lesquelles l'émulation est arrivée à
produire des chefs-d'œuvre qui seront toujours
dignes d'admiration.

Dans l'empire romain, qui a une civilisation plus avancée, pour ne pas dire plus corrompue, dans cet empire qui a étendu sa puissance sur le monde, nous voyons disparaître le genre tragique si cher aux Grecs.

Plaute et Térence introduisent sur la scène la vraie comédie ; ils donnent à la vie réelle la couleur, le mouvement, la variété. Ils se moquent de la volupté, de la prodigalité, de la paresse et de tous les travers que la foule aime à voir avec raison fustiger.

Dans notre pays, qui, pendant les quatorze premiers siècles de notre ère, subit tant de bouleversements, de chocs, d'invasions, et qui ne put guère établir sa nationalité qu'au xv⁰ siècle, on comprend que les œuvres d'intelligence devaient forcément céder le pas à la force brutale et à l'esprit de conquête. Mais, au sortir du moyen âge, la France, envahie et en grande partie possédée par le clergé, était gouvernée presque théocratiquement, c'est-à-dire que la royauté et la noblesse étant complètement ignares, les moines, par leur instruction, leur intelligence et par la discipline ecclésiastique, avaient su acquérir une puissance considérable.

Le théâtre du moyen âge ne pouvait donc pas échapper à l'influence monacale. Aussi, d'après

M. Dulaure, le théâtre français doit-il son origine à une réunion d'individus qui prenaient
le nom de *Confrérie de la Passion de Notre-
Seigneur.*

C'est dans l'hôpital de la Trinité, à Paris, que,
pour la première fois, depuis les commence-
ments de la monarchie, fut établi un théâtre
permanent. Auparavant, on voyait quelques
spectacles ambulants, des jongleurs qui chan-
taient et qui s'accompagnaient avec la vielle et
le violon, des baladins qui faisaient danser des
singes et d'autres animaux, des faiseurs de tours
de force ou d'adresse, et surtout, sous les
règnes de Charles V et de Charles VI, des fu-
nambules d'une adresse étonnante. Des tragédies latines, dont le sujet était le *martyre* ou
les *miracles* de quelques saints, étaient repré-
sentées, le jour de leur fête, dans certains
monastères ; mais avant l'établissement de cette
confrérie, on n'avait pas vu à Paris un théâtre
où l'on représentât une action dramatique en
langue française.

L'Eglise comprit alors qu'elle pouvait tirer
parti de ce désir, de ce besoin qu'éprouvait le
peuple de voir représenter des scènes quelconques, des faits surprenants, extraordinaires,
surnaturels ; et elle s'en servit comme d'un

moyen très-propice pour étendre encore davantage sa domination sur les masses.

C'est ainsi qu'on introduisit la religion dans
les spectacles. On choisit pour sujets de pièces
l'Ancien et le Nouveau Testament. Les acteurs
et les actrices représentaient les saints, les
saintes et surtout la Vierge, qui fut comme la
prima donna obligée de toutes les représentations.

« Cette idée réussit, dit M. Scribe, dans un
de ses ouvrages. Nos pères, qui n'y regardaient
pas de si près, ou qui peut-être ne demandaient
qu'un prétexte pour concilier leur plaisir et leur
conscience, n'eurent garde d'y soupçonner de
la profanation. Ils assistaient au spectacle comme
à la messe, et prenaient une place au théâtre,
comme ils auraient retenu une stalle à l'église,
le tout dévotement et pour la plus grande gloire
de Dieu. »

Des mystères on passa aux moralités, puis on
s'enhardit, et des moralités on arriva aux farces
et aux sotties ; il y avait déjà progrès.

Parmi les premiers mystères, nous voyons les
titres suivants :

*La Vie de Sainte Marguerite, vierge et mar-
tyre, fille de Théodosie ;* à quarante-quatre personnages.

La Vie de Sainte Barbe, par personnages, divisée en cinq journées.

La Sainte-Hostie, par personnages.

La Résurrection de Jésus-Christ, par personnages. Ce mystère porte un nom d'auteur : il est d'Eloi Constantin.

La Chronique de Metz raconte que, l'an 1437, le 3 juillet, sous le règne de Charles VII, fut fait le jeu de la Passion de Notre-Seigneur.

Le rôle de Jésus-Christ fut rempli par le seigneur Nicolle, dom Neufchâtel, en Lorraine, curé de Saint-Victor, de Metz, qui, dans la dernière scène, la scène de la Croix, se trouva mal, et fût trépassé pour de vrai s'il n'avait été secouru. Son indisposition ne fit pas manquer le spectacle. Il avait une doublure qui prit sa place pour être crucifié, et, le lendemain, dit la *Chronique,* « le dit curé de Saint-Victor parfit la « résurrection et fit très-hautement son person- « nage, et dura ledit jeu. »

Le lendemain, un autre prêtre, qu'on appelait Jehan de Nicey, chapelain de Métrange, et qui remplissait le personnage de Judas, joua son rôle avec tant de vérité dans une scène de potence, qu'il en perdit la respiration, et aurait perdu plus encore, si l'on ne s'était hâté de le dépendre.

Dans ce temps-là, les spectacles duraient six ou sept jours; et l'on voit que le métier de comédien demandait beaucoup de sang-froid et de courage.

Mais revenons aux Frères.de la Passion.

Après avoir, pendant près de cent cinquante ans, représenté leurs pièces, tant dans la grande salle de la Trinité qu'à l'hôtel de Flandre, les Frères de la Passion achetèrent une partie de l'hôtel de Bourgogne. rue Mauconseil, où ils vinrent s'établir. Mais, dans la suite, voyant que public commençait à se dégoûter de pièces trop sérieuses et ne croyant pas qu'il leur convînt de représenter des pièces toutes profanes, ils louèrent leur hôtel de Bourgogne et leur privilège à une troupe de comédiens qui se forma alors et qui furent appelés les *Enfants sans-soucis*. Puis ces derniers furent eux-mêmes remplacés dans la suite par les comédiens italiens.

Ce fut au théâtre de l'hôtel de Bourgogne que Jodelle fit jouer des tragédies et des comédies sous Henri II ; Baïf, sous Charles IX ; Robert Garnier, sous Henri III ; Hardy, Mairet, Tristan et Corneille, sous Louis XIII et Louis XIV ; et Racine, sous le règne de ce dernier.

A ce moment, il y eut un élan général vers le théâtre. Tous les esprits se tournaient de ce côté ; toutes les classes de la société s'en occupaient ; les illustrations d'alors en faisaient leurs plus chères délices, et l'on se passionnait pour tels ou tels auteurs, pour telles ou telles pièces.

Cet enthousiasme exagéré, irréfléchi, nous rappelle même cette anecdote : En 1639, un auteur, Scudéry, faisait jouer une comédie intitulée l'*Amour tyrannique*. Aux premières représentations de cette pièce, qui faisait courir tout Paris, un portier de la Comédie fut étouffé par la foule. Cet accident fit le bonheur de l'auteur, qui crut voir là une preuve évidente de sa supériorité sur Corneille, puisque lui Scudéry avait pu faire réellement mourir quelqu'un, tandis que l'auteur du *Cid* n'avait jamais tué personne que sur la scène.

Ah ! cette époque des Corneille et des Racine est bien une des plus glorieuses pour l'humanité, une de celles qui ont le plus aidé la civilisation, celle qui a fait faire le plus grand pas à notre littérature nationale.

A l'emphase, à la puérilité qu'on rencontre chez les auteurs du commencement du xviie siècle, le génie de Corneille oppose la grandeur, la dignité, l'héroïsme. C'est lui qui crée la tragédie française avec le sentiment moderne. Il dépouille son action de tout mysticisme et met

ses personnages en présence de la réalité,
c'est-à-dire qu'il place l'homme entre son devoir
et la passion.

Racine, lui, n'a pas ces élans violents, ces
luttes héroïques, cette brutalité sublime de
Corneille ; son génie est plus exquis, son langage plus étudié, plus limé. L'amour, sous
toutes ses formes, est le fond des œuvres de ce
doux et admirable tragique.

Le nom de ces illustres poëtes appartient au
Panthéon de l'histoire, et il resplendira toujours
de la gloire la plus pure. On se sent petit ; on
est littéralement écrasé devant ces grandes
figures, qui reflètent l'idéal du bien ou l'excès
du mal ; aussi tous ceux qui sont accessibles aux
jouissances de l'esprit éprouvent-ils une grande
satisfaction, lorsqu'il leur est permis de revoir
à la scène ou de lire en silence ces immortels
chefs-d'œuvre.

Quoi qu'il en soit, et sans amoindrir le vif
éclat dont brilleront toujours les œuvres puis-
santes de Corneille et de Racine, il faut bien
avouer que la tragédie est un genre à peu près
disparu du théâtre, au moins pour la province.
La tragédie ne peut aborder que des sujets très-
sérieux ou représenter des actions extraordinaires. Les héros qui sont mis en scène ne

paraissent pas assez appartenir à l'humanité, tant ils sont grands en bien comme en mal. On exècre l'excès du vice qui fait horreur ; on admire cette vertu mâle, puissante, héroïque, que l'on considère comme un idéal ; et l'on reste confondu devant eux, parce qu'ils semblent plus grands que nature.

Si l'on ajoute à ces raisons la légèreté de notre époque, son peu de goût pour les œuvres sérieuses, son amour du clinquant, on comprendra facilement pourquoi, d'une part, aucun poëte n'ose marcher sur les traces de Corneille et de Racine, et aussi pourquoi les délicats de l'esprit sont seuls à rechercher de saines jouissances dans ces sublimes productions du beau langage et des pensées fortes et honnêtes.

Néanmoins notre intention n'est nullement de remonter un courant, ni d'élever la moindre récrimination contre les tendances de la société moderne. Nous constatons seulement que les génies, dont notre nation s'honore à bon droit, n'ont pas eu d'imitateurs, et qu'à côté d'eux, Molière, le véritable père du théâtre de la société française, est encore aujourd'hui le modèle partout suivi, partout imité. C'est que son œuvre a pour bases la vérité même et l'observation. Chez lui aucune recherche, aucune convention ;

non ; les caractères qu'il met sur la scène sont
familiers pour tous : ce sont des sots, des fats,
des vaniteux, de faux dévots, des maris malheu-
reux, des médecins, des paysans, etc. Tous ces
gens, tous ces vices, tous ces ridicules, appartiennent à notre civilisation ; on les connaît, on
les rencontre partout ; c'est pourquoi l'œuvre
de Molière sera éternellement vivante, parce
qu'elle est vraie et n'emprunte que très-peu à la
fiction.

Molière a compris qu'il n'était donné qu'à des
intelligences d'élite de s'élever jusqu'à l'idéal et
de savoir l'admirer. Il a préféré s'adresser aux
masses, leur montrer les vices et les ridicules,
en laissant l'auditeur et le lecteur en tirer de
salutaires leçons.

Après Molière, nous voyons Regnard, Destou-
ches, Marivaux, Lesage, suivre la même voie.
Leurs comédies ont le charme de la forme et
poursuivent toutes un but philosophique.

A côté de ces noms, il en est un que la société
moderne cite toujours avec bonheur : c'est celui
de Beaumarchais, qui a certainement fourni à la
Révolution française une des meilleures armes
pour hâter l'écroulement de ces institutions
vieilles et chancelantes du moyen âge, qui s'ap-
pelaient la noblesse et le clergé. Le *Mariage de*

Figaro est, en effet, une des plus spirituelles satires qui aient jamais été faites contre une société agonisante sous le poids des abus, de l'arbitraire, du bon plaisir.

Pendant la Révolution et pendant l'Empire, notre pays avait trop de préoccupations extérieures pour songer à la littérature. Ce n'est qu'après la tourmente et le pansement des blessures de la nation que les Casimir Delavigne, Victor Hugo, Eugène Scribe, Dumas père apparaissent et viennent rendre un grand éclat au théâtre.

La Révolution française, en modifiant les mœurs et les lois, avait enfin une influence sur la littérature; et la génération, qu'elle avait enfantée, faisait également, avant et après 1830, une révolution qui porte le nom de Romantisme, dont Victor Hugo est le véritable chef.

Jusqu'alors les formules antiques, la tradition, l'usage, la théorie des Trois Unités, imposaient aux auteurs certaines règles qui semblaient une gêne et une entrave pour la pensée.

Le Romantisme attaqua avec ardeur les règles classiques. Il fit un sacrifice complet des vieux principes. Il se produisit alors une Révolution littéraire, qui, en laissant aux écrivains une liberté entière dans la conception et l'exécution

2

de leurs œuvres, donna au théâtre dramatique ou comique la forme moderne. Tous les *jeunes* suivirent le précepte de la nouvelle école, et c'est à elle que nous devons Alexandre Dumas fils, Barrière, Sandeau, Augier, Sardou, Pailleron, qui s'affranchirent des anciennes conventions littéraires, et suivirent leur inspiration particulière, leur propre génie pour produire à la scène des situations variées, tantôt réelles, vraies, tantôt piquantes ou originales.

Mais, comme les toilettes, le théâtre a ses modes. Il est certain que, selon les époques, selon les circonstances, le théâtre eut des aspirations différentes. Ses moyens d'action, le but qu'il essayait d'atteindre n'étaient pas sous le premier Empire, les mêmes que pendant la Restauration; sous la monarchie de Juillet que pendant le second Empire. Et puis le pouvoir avait toujours, comme ressource, un puissant argument: celui des ciseaux de dame Censure, qui rendait moins de services à l'art qu'au maître qui la payait. Que de fois ces coupures, faites avec un goût douteux, ont jeté le désespoir dans le cœur des auteurs, qui voyaient leurs œuvres viriles et fortes sortir des mains de la Censure déflorées, émasculées.

Il fut un temps, qui n'est pas loin de nous, où

l'on examinait d'abord le nom de l'auteur, puis
ses antécédents politiques : la valeur de l'ouvrage était de minime importance. Alors, selon
que l'auteur était l'adversaire ou le flatteur du
souverain, on lui barrait le chemin, fût-il un
génie comme Victor Hugo, qui, malgré les obstacles, est arrivé à la gloire ; ou bien, on lui lais-
sait franchir librement la scène, à la condition
que, sur l'autel de Thalie, il brûlât en abon-
dance l'encens qui venait mollement enivrer les
hôtes des avant-scènes impériales.

Puisque nous parlons de l'Empire, nous ne
pouvons cacher que ce gouvernement est un de
ceux qui se sont servis avec le plus d'habileté du
théâtre pour abaisser les caractères et corrompre
les mœurs. Assurément ce n'est ni le désir ni la
volonté d'un souverain qui consacre et impose
le succès d'un auteur ; et le public a assez de
bon sens pour ne pas s'associer à la claque offi-
cielle et payée, lorsqu'une œuvre lui déplaît ;
cependant il est hors de doute qu'un gouvernement exerce une influence considérable sur l'esprit des citoyens. Il abaisse les esprits et cor-
rompt les cœurs, quand, à l'aide de la censure,
il étouffe les œuvres viriles et libérales et favorise
les pièces ignobles, où les appétits sensuels
sont seuls excités.

Alors les passions mauvaises sont attisées par des exhibitions charnelles, par des provocations et par des dialogues tellement crus, qu'on se demande quelquefois si bientôt les actes obscènes ne viendront pas eux-mêmes corroborer le cynisme des paroles.

Cette crainte est bien légitime ; car le mal n'a pas diminué ; et chaque jour, nous voyons la faveur du public se porter encore sur les œuvres les plus légères. A ce jeu, le goût s'émousse, et la conscience elle-même se flétrit.

Le vice, rendu aimable et gracieux, finit par séduire, et l'on trouve le moyen d' nposer d'immenses concessions aux principes d'austérité et de bienséance. Aussi tous nos bons bourgeois qui, jadis, afin de n'être pas obligés de rougir devant leur femme et leurs enfants, s'ingéniaient à faire bifurquer une conversation, lorsqu'ils la voyaient prendre la route du badinage et du grivois, se délectent-ils maintenant aux polissonneries bien habillées de l'opérette, aux situations les plus équivoques, aux propos les plus scabreux.

Les directeurs de théâtre suivent naturellement cette tendance et la favorisent, parce qu'elle est pour eux la source de gros bénéfices.

Cette situation est de nature à alarmer tous ceux qui s'intéressent réellement au théâtre et qui croient qu'il devrait être la grande école du bien, du beau, du juste. Tous ces vrais amis du théâtre considèrent l'engouement actuel pour les spectacles frivoles et immoraux comme une maladie de l'esprit et du cœur ; et, plus que jamais, ils disent, comme Victor Hugo : « Il ne faut pas que la multitude sorte du théâtre sans emporter avec elle quelque moralité austère et profonde. »

CHAPITRE II.

—

Le théâtre en province.

———

Paris est la pierre de touche de toute œuvre intellectuelle, littéraire et artistique. Aucune gloire n'est consacrée, si elle n'a subi la suprême épreuve du succès à Paris. Un auteur est donc toujours obligé de passer par ce creuset de l'intelligence, et lorsqu'un public lettré, délicat, amateur et cherchant en tout l'esprit, l'art, l'originalité ; lorsque, disons-nous, ce public, qui, certes, n'est pas toujours exempt d'erreurs, s'est prononcé sur la valeur d'un ouvrage et l'a accueilli, alors Paris se tourne vers la province et lui donne le signal de l'admiration.

Oui, la province est surtout la tributaire de Paris au point de vue artistique ; et, tout en désirant une sorte de décentralisation, que nous appellerions plutôt la diffusion intellectuelle ; en encourageant tous les efforts, de quelque côté qu'ils viennent, nous ne nous plaignons pas de la suprématie qu'exerce la grande ville.

Paris est comme un immense cratère au fond et aux flancs duquel s'agite un monde immense, remué par toutes les passions, tous les vices, toutes les vertus. Toutes les ambitions s'y donnent rendez-vous ; toutes les intelligences s'y rencontrent : les pauvres intelligences, les médiocres, les intelligences supérieures ; et, dans la grande concurrence, dans la grande lutte pour la vie, pour la renommée, pour la gloire, les uns succombent ; les autres végètent ; d'autres émergent ; le plus petit nombre arrive au but entrevu et si ardemment désiré.

Qui couronnera le vainqueur? Le grand jury parisien.

Mais s'il ne coûte rien de rendre un juste hommage à la légitime influence de la grande cité parisienne, nous n'hésitons pas d'engager les jeunes auteurs à faire leurs premières armes littéraires dans leurs propres villes? Tout le monde, à notre avis, y gagnerait : et le jugement de l'auteur, et le goût du public qui serait stimulé, et les directeurs de province eux-mêmes qui y trouveraient leur compte par l'exploitation loyale et correcte de la curiosité des habitants.

Pour nous résumer sur ce point, nous nous avouons partisan non d'une décentralisation, comme on l'a entendu jusqu'à présent, — qui est impossible et que nous considérerions comme très-nuisible au goût et à l'esprit, — mais d'une décentralisation partielle qui serait, selon nous, fort avantageuse au point de vue de l'art et des habitudes sociales.

∴

Maintenant examinons le niveau artistique de la province. Nous laisserons de côté les grandes villes comme Reims, Dijon, Orléans, Besançon et même Nancy, qui ont des ressources suffisantes pour alimenter leurs théâtres et pour présenter au public des artistes souvent distingués, qui sont d'excellents modèles de bonne diction, de délicatesse artistique et de virtuosité.

Portons donc notre objectif sur Châlons; car nous sommes persuadé que la situation, dans laquelle se trouve notre cité, ressemble beaucoup à celle de la grande majorité des petites villes.

Cette situation, avouons-le, est loin d'être

brillante. Nous sommes, dans un état d'infériorité bien marqué vis-à-vis de Paris, où chacun,
le riche comme celui qui ne possède qu'une
très-modeste aisance, peut à bon compte jouir
de tous ces plaisirs intellectuels qui nous manquent : entendre les premiers artistes du monde ;
prendre part aux solennités artistiques de toutes
sortes ; assister à ces interprétations d'œuvres
de grands maîtres, auxquelles président le fini
et la délicatesse de l'exécution ; enfin s'initier à
tous les chefs-d'œuvre et puiser de tous côtés,
par la vue et par l'audition, les notions qui nous
rapprochent le plus possible de l'idéal de l'art.

Mais... nous ne sommes pas à Paris ; et,
comme nous n'avons pas tous la possibilité
d'habiter le grand centre de la civilisation, il
nous faut vivre avec la province. Cette nécessité
engendre un devoir pour chacun de nous, et ce
devoir, qui incombe à tout bon citoyen, consiste
à aider chacun dans la mesure de ses moyens
intellectuels, le relèvement progressif du niveau
artistique.

A quelle hauteur se trouve donc actuellement
ce niveau ? Hélas ! l'échelle du beau et de l'idéal
accuse bien souvent un degré qui se rapproche
de zéro. Cela tient, d'une part, à ce que les
théâtres, qui devraient être les véhicules les

plus puissants pour développer ces grands sentiments, sont la plupart du temps, très-infé-
rieurs et très-incomplets ; et, d'un autre côté,
cette infériorité a sa cause dans l'indifférence,
dans le dédain même des vrais amateurs, qui
refusent tout concours, matériel et moral, aux
efforts tentés pour arriver à un mieux qui, cette
fois, ne serait pas l'ennemi du bien.

Les personnes qui, par leurs fonctions ou par
leur fortune, font partie de cette classe de
citoyens que l'on appelle en province la Société,
ne viennent généralement au théâtre que quand
une troupe parisienne ou une troupe, dans
laquelle brille une étoile bien connne, s'arrête
dans nos petites villes et y donne une représentation. Aux spectacles de la troupe sédentaire
elles n'assistent pas, sous le prétexte que l'interprétation est mauvaise.

De cette abstention il résulte, la plupart du
temps que la salle est à moitié vide, et, par
conséquent, que la caisse du directeur est souvent à sec.

Voici donc la situation : Le public dit à la
direction : « Ayez de bons acteurs et nous irons
au théâtre. » Le directeur répond : « Lorsque je
serai sûr de faire salle pleine, j'aurai un meilleur personnel. »

On comprend qu'avec cette réserve d'une
part et cette économie forcée de l'autre, le théâtre ne fasse aucun progrès en province. On fait
de l'à-peu-près, mais l'art reste languissant.

Cette situation n'est pas neuve : elle existait
il y a vingt, il y a trente ans. Dans le but de
l'améliorer, les critiques les plus éminents ont
réclamé et obtenu, dans les dernières années
de l'Empire, la liberté des théâtres.

* *

Ah ! la liberté des théâtres ! Voilà un grand
mot qui a suscité d'interminables discussions, à
la suite desquelles on n'est guère plus éclairé.
Cette liberté a-t-elle été nuisible ? A-t-elle été
utile au théâtre ? Avant d'exposer notre manière
de voir, nous esquisserons en quelques lignes
la législation sur la matière.

L'Église, nous l'avons dit, qui était au moyen
âge la principale, pour ne pas dire la seule autorité, avait donné aux Confrères de la Passion
une permission spéciale pour représenter des
pièces dont le sujet était toujours religieux.

Tout était privilège dans les institutions de
l'ancienne monarchie, et la liberté alors n'était
qu'un mot qui n'avait pas de sens bien déterminé. Le théâtre était donc forcément aussi un

privilége, et lorsque le peuple, cherchant sans
cesse à élargir le cercle si restreint de ses aspirations, voulait faire un pas en avant, il trouvait
devant lui des obstacles presque toujours insur-
montables. Après les *impedimenta* accumulés
par le pouvoir, il venait encore se heurter aux
privilégiés, qui étaient une autre grande puissance, et qui défendaient énergiquement ce
qu'ils considéraient comme leur bien propre.

Les petits théâtres en plein vent, comme les
petites scènes de société, voyaient se dresser
devant eux des difficultés de tout genre. Le
théâtre de Racine, de Corneille, de Molière, prenait ombrage même des tréteaux de saltimban-
ques et des boutiques de marionnettes. Ces
établissements minuscules ne pouvaient rien
obtenir sans être entrés en arrangements avec
les grands théâtres, qui faisaient payer cher
leur autorisation, de sorte que l'existence des
petits théâtres, accablés d'impôts, de redevances
et de droits de toute nature, était toujours pro-
blématique.

La Révolution, qui venait détruire tous les
abus du vieux monde, proclama l'abolition des
privilèges de spectacles. Par une loi du 17 janvier 1791, l'Assemblée nationale accorda à
chaque théâtre la faculté de jouer les ouvrages

d'auteurs anciens ; elle autorisa chacun à construire un théâtre et à y jouer la comédie ; enfin
elle donna aux auteurs vivants le droit de traiter
de gré à gré avec les directeurs.

L'Empire, qui s'accommodait mal avec la
liberté, abolit naturellement cette législation.

Le 29 juillet 1807, un décret prescrivit l'autorisation préalable ferma grand nombre de
théâtres et obligea les autres à s'en tenir à l'exploitation d'un seul genre strictement limité.

Puis vint l'Ordonnance du 8 décembre 1824.
Aux termes de cette ordonnance, les théâtres
de province furent divisés en trois catégories :

1° Les troupes de comédiens sédentaires, placées à poste fixe dans les villes ;

2° Les troupes d'arrondissement, parcourant
divers départements compris dans leur circons-
cription. Les directeurs de ces troupes étaient
nommés pour trois ans par le ministre de l'intérieur ;

3° Enfin les troupes ambulantes, exploitant
les villes qui ne faisaient partie d'aucun arrondissement théâtral.

Les privilégiés des deux premières catégories
jouaient alors le rôle des grands théâtres du
siècle précédent ; nous voulons dire qu'ils pres-
suraient également les petits. Ainsi, tous les

baladins qui venaient monter baraque sur nos places, pendant la foire des Sannes, par exemple, ou les bohêmes ambulants des cafés-concerts, étaient obligés de donner au directeur privilégié du théâtre un droit d'un cinquième sur leurs recettes brutes, défalcation faite du droit des pauvres.

Telle était encore la situation, il y a vingt ans, lorsque, vers 1860, la presse parisienne entreprit une grande campagne contre les privilèges. Elle réclama à grands cris la liberté des théâtres, en soutenant que la prétendue protection accordée à l'art, le limitait et n'avait, au contraire, pour résultat que de restreindre son expansion, en rendant stériles les efforts les plus intelligents.

Vivement sollicité, l'Empire rendit, le 6 janvier 1864, un décret qui proclama la liberté du théâtre, c'est-à-dire qu'il faisait du répertoire classique la propriété de toutes les entreprises théâtrales, abolissait la délimitation des genres rétablis par le décret de 1806, et donnait la faculté à toute personne de construire et d'ouvrir un théâtre.

Cependant la liberté des théâtres était plus apparente que réelle. On avait la liberté de construire des édifices et d'y gagner de l'argent à l'aide de féeries et d'exhibitions plastiques, mais l'intelligence était, la plupart du temps, asservie, et Dame Censure avait bien soin d'éla- guer tout ce qui pouvait éveiller chez le peuple le sentiment de la liberté et de l'indépendance.

Après avoir mis en regard la législation ancienne avec la législation actuelle, il nous reste à répondre à la question que nous posions tout à l'heure. Or, nous pensons que la liberté est plus utile que nuisible au théâtre.

A Paris, plusieurs théâtres nouveaux se sont formés : les uns se donné la tâche de propager le goût de la bonne comédie; les autres ont servi d'intermédiaires entre l'opéra-comique, qui menaçait de devenir trop sérieux, et l'opéra- bouffe, qui avait oublié complètement les règles de la bienséance.

Il est vrai, qu'à côté de ces productions litté- raires et artistiques, certains genres excentri- ques, très-dangereux aussi bien pour le goût et pour la morale publique que pour la littérature elle-même ont pris naissance ; mais cette pro- pension à flatter les passions et à stimuler les sens ne peut être attribuée ni reprochée à la liberté des théâtres. Elle est tout simplement la résultante d'une fâcheuse tendance matérialiste de notre époque. C'est presque un cas pathologique que les bons auteurs, soucieux de la dignité de l'art doivent chercher à combattre par des productions littéraires intéressantes, spirituelles, amusantes et saines.

En ce qui concerne la province, elle a peu profité de la liberté du théâtre. Les directeurs sédentaires ou d'arrondissement n'étant plus ni soumis aux obligations des Ordonnances, ni nommés par le ministre, c'est-à-dire n'étant plus astreints à une sorte de certificat d'aptitude, l'exploitation des scènes de province a souvent été conquise à force de promesses, de belles paroles et de poudre jetée aux yeux, non par des comédiens consciencieux, mais par des industriels quelconques. Ceux-ci, ignorant aussi bien l'art du théâtre que les bonnes traditions et les convenances artistiques, ont avant tout cherché à tirer de leur industrie le plus d'argent possible.

Sous le régime du privilège, l'arrondissement théâtral de Châlons comprenait encore Sedan et Charleville, c'est-à-dire que la même troupe visitait successivement ces trois villes ; et comme, à cette époque, les directeurs de province montaient très-peu de nouveautés, il en résultait que les troupes arrivaient généralement avec un répertoire bien su, puisqu'elles

3

donnaient celui qu'elle avait étudié et interprété précédemment dans une autre ville.

Cette raison est une de celles qui font dire à beaucoup de personnes déjà âgées qu'autrefois les artistes de province avaient plus de talent. Est-ce bien exact? Nous ne le croyons pas. Il y a eu de bons acteurs qui autrefois, par des circonstances diverses, s'enrôlaient dans une troupe : le même fait se produit aujourd'hui assez fréquemment encore. Néanmoins, nous admettons que les artistes ayant un répertoire et connaissant bien leurs rôles, devaient souvent donner de bonnes interprétations. Du reste, lorsqu'on se rend compte des exigences actuelles du théâtre, on ne peut vraiment pas établir de comparaison. Les amateurs, qui sont à proximité de Paris, et qui assistent de temps en temps aux représentations des théâtres parisiens, se montrent d'abord beaucoup plus difficiles qu'autrefois. Nous ne les blâmons pas, car ils servent, sans le vouloir, à l'amélioration du goût. .

De plus, les artistes ont sans cesse à étudier de nouveaux rôles, puisque le public veut être tenu au courant de toutes les nouveautés parisiennes. Or, le vieux répertoire n'est, pour ainsi dire, plus qu'un bagage encombrant ; et souvent il est matériellement impossible aux artis-

tes de composer un rôle qu'ils ont à peine le
temps d'apprendre et dont le souffleur fait
presque tous les frais.

D'après l'exposé que nous venons de faire, on
voit que la liberté des théâtres peut être considérée sous deux points de vue : la liberté d'administration et de direction, et la liberté artistique,
qui permet à tous les théâtres d'aborder tous les
genres de spectacles.

La première, c'est-à-dire la liberté de direction, n'existe pour ainsi dire pas en province,
puisque, dans tous les théâtres de nos petites
villes, les directeurs contractent avec les municipalités un traité qui leur impose certains
devoirs et leur concède de nombreux privilèges.
Nous ne croyons pas qu'il puisse en être autre-
ment.

Quant à la liberté artistique, elle nous procure l'avantage de voir sur nos scènes un plus
grand nombre de nouveautés et d'assister de
temps à autre à d'excellentes interprétations.

En résumé, selon nous, la liberté du théâtre
ne peut avoir eu aucune fâcheuse influence sur
le talent. On peut rencontrer dans les troupes
un moins bon ensemble qu'à l'époque des privilèges, mais cette circonstance vient des exigences du public, d'une part, et de l'autre, de la

légèreté que certains directeurs apportent à la composition des troupes.

La meilleure raison que nous en puissions donner — et nous ne croyons pas être contredit, — c'est que chaque fois qu'un directeur peut payer suffisamment de bons premiers et seconds rôles, il trouve toujours des sujets. Nous nous hâtons de dire que le talent est aujourd'hui tarifé un prix exorbitant ; mais, en somme c'est une question d'argent.

Le moyen que nous indiquions tout à l'heure, celui de mutations de troupes théâtrales, tout organisées, et interprétant pendant deux ou trois mois, dans une ville, des œuvres qu'elles viendraient de représenter déjà dans une autre localité, ce moyen, disons-nous, pourrait être facilement employé. Ainsi, des villes se syndiquant et confiant leurs théâtres à une même administration, obtiendraient le roulement dont nous venons de parler. On nous objectera peut-être qu'une semblable mesure serait contraire à la liberté de direction ; mais nous avons démontré plus haut que cette liberté était illusoire, puisque, depuis la proclamation de la liberté des théâtres, les villes ont dû, pour trouver des directeurs et des troupes, leur concéder par des traités spéciaux les anciens privilèges que le régime de la liberté théâtrale avait pour but de faire disparaître.

Du reste, notre assertion repose sur des bases certaines, puisque, il y a quelques années, nous nous rappelons avoir vu le directeur du théâtre de Reims exploiter en même temps le théâtre d'une autre ville, celui de Tours, croyons-nous. Lorsqu'une de ses troupes avait épuisé son répertoire à Tours, par exemple, il la faisait venir à Reims, et envoyait celle de Reims à Tours.

Les villes d'ailleurs n'adopteraient-elle pas cette manière d'agir, que les directeurs pourraient constituer entre eux, et au grand avantage de tous, un syndicat, dont le résultat serait identique. C'est là, du reste, une question d'organisation intérieure.

Pour aucune raison, nous ne saurions donc regretter que l'Empire ait donné la liberté aux théâtres ; car les inconvénients que nous avons signalés et qu'a créés cette liberté, peuvent être évités : les uns par les villes, les autres par les directeurs ; d'autres enfin par le public.

.·.

Si nous devions résumer la situation du théâtre en province, nous dirions que l'art vrai et idéal s'y trouve dans un état d'infériorité complet, et qu'on ne pourra en élever le niveau qu'à l'aide de grands et d'intelligents sacrifices.

Mais ici se pose naturellement une question : si, d'un côté, les directeurs de théâtres, en province, n'obtiennent pas, dans leur exploitation commerciale, les ressources pécuniaires suffisantes pour recruter un personnel de talent ; si, d'un autre côté, le public n'est pas attiré au théâtre par des représentations qui n'ont souvent aucun cachet artistique, ne serait-il pas préférable de recourir aux excursions dramatiques et lyriques ? Dans les petites villes, par exemple, dont le budget ne permet pas de donner une large subvention à la direction, ne vaudrait-il pas mieux n'ouvrir les portes du théâtre qu'à de bonnes troupes de passage, qui, formées d'artistes connus et consciencieux, parcourent une région et y interprètent, presque toujours, d'une manière remarquable, ou les pièces en vogue ou les chefs-d'œuvre des maîtres ?

Si nous avions à exprimer notre avis personnel sur ce sujet, au simple point de vue de l'art, nous n'hésiterions pas à voter la proposition des deux mains ; car nous estimons que le goût gagnerait beaucoup plus dans une excellente représentation par mois que dans huit médiocres. Mais nous comprenons qu'on doive faire la part des intérêts locaux ; et c'est pour cette raison que l'art sera encore bien longtemps languissant en province.

CHAPITRE III.

—

Les artistes et l'orchestre

—

Passons maintenant à l'interprétation des œuvres. Elle se fait naturellement par les artistes comédiens et chanteurs et par l'orchestre. Dans les grandes villes, le théâtre possède une troupe de comédie et de drame et une troupe de chant. Chez nous, c'est-à-dire dans les petites villes de province, il n'en est, hélas ! pas ainsi : le même personnel qui, le jeudi, joue *les Cloches de Corneville,* exécutera, le dimanche, *Marceau* ou *le Bossu.*

C'est seulement depuis quelques années que les directions ont mêlé les opéras aux comédies. Jadis il y avait des saisons pour chaque genre. Ainsi en hiver, on ne représentait que très-exceptionnellement une œuvre musicale, et, alors au printemps, il y avait une saison d'opéra. Cette manière d'agir était, à notre sens, bien

préférable ; car elle permettait de produire sur
la scène un certain nombre de belles comédies,
qui laissaient chez les spectateurs leur contingent d'intérêt, de moralité, de sérieux et de
bon langage qu'on ne trouve que rarement dans
les bouffonneries à la mode.

Aujourd'hui un directeur monte *la Fille de
madame Angot, Giroflé-Girofla, les Cloches de
Corneville, la Mascotte, le Jour et la Nuit*, etc.,
et il est assuré, avec ses excursions aux envi-
rons, de donner dix, douze, quinze représentations de la même pièce. C'est un avantage pour
le directeur, qui gagne de l'argent, mais c'est
une perte pour le bon goût.

Le seul moyen de remédier à un tel état de
choses appartient aux villes : il consiste dans
l'augmentation des subventions théâtrales, qui
permettraient aux municipalités d'imposer à la
direction des clauses indispensables pour obtenir de bonnes troupes de comédies, des troupes
d'opéra suffisantes et un répertoire choisi et
convenable.

Dans presque toutes les villes de province, le
directeur qui a traité avec une municipalité,
occupe le théâtre pendant huit mois et le laisse
libre pendant les quatre mois d'été.

Au mois d'octobre, il arrive avec un personnel qu'il a recruté dans les agences parisiennes, et qui est composé des principaux emplois demandés pour une somme de....... Si, par exemple, le directeur peut payer sa troupe 3,000 francs par mois — et avec les exigences actuelles, ce chiffre semble être un minimum — on lui envoie les premiers rôles de drame et de comédie : grand premier rôle, homme et femme, jeune premier et jeune première, premier comique ; puis, quand la voix de ces artistes ne le permet pas, — mais, avec de la bonne volonté, la voix vient par surcroit — on expédie en plus un ténorino, un baryton et une première chanteuse. Ce personnel reçoit des appointements, non bien opulents, mais suffisants, au moins pour les hommes, qui ont à supporter peu de frais de toilette.

Quant au gros de la troupe, qui prend rang dans les seconds rôles, ou parmi les choristes, ou les comparses, il reçoit une indemnité, qui lui permet de vivre sobrement. Nous ne parlons pas du sexe féminin, qui ne vient généralement pas propager le grand art en province, mais qui compte surtout sur les succès intimes qu'un restant de beauté et quelques formes subsistantes peuvent encore recueillir, principalement dans les villes de garnison.

Il faut, du reste, peu s'apitoyer sur le sort
de cette arrière-garde, hommes et femmes ; l'un
et l'autre sont généralement payés encore
au-delà de leur mérite.

Voici donc la troupe constituée. Quelques directeurs ont l'excellente idée, avant de commencer
leur saison d'hiver, de séjourner un mois dans
un bourg, et d'y monter quelques pièces de
leur répertoire. C'est une préparation, qui leur
sert de répétition et rend la troupe un peu plus
homogène.

Dans l'acte d'engagement des artistes, se
trouve une clause, en vertu de laquelle le directeur a le droit de résiliation pendant le premier
mois. Or, à Châlons les artistes ne sont pas
astreints aux débuts, comme dans les grandes
villes. La direction alors s'entoure généralement
de l'avis des membres de la commission théâtrale et des habitués, et elle congédie les artistes
qui n'ont pas les sympathies du public.

Nous ne sommes nullement partisan de ces
débuts bruyants, qui ont lieu, par exemple, à
Reims, et auxquels président souvent l'arbitraire
et le parti pris du parterre. Il nous semble
qu'une commission compétente et intelligem-
ment choisie serait beaucoup plus apte à faire un
triage judicieux, et à demander le renvoi de tels

ou tels pensionnaires, — demande que devrait accueillir favorablement un directeur soucieux de ses propres intérêts, puisqu'il est certain qu'une excellente interprétation attire toujours du monde au théâtre.

On se plaint souvent que les représentations sont défectueuses, que les rôles sont peu sus, que l'intonation et le geste font défaut. Ces reproches sont la plupart du temps fondés ; cependant nous ne cessons de prêcher l'indulgence ; car en province nous ne pouvons hélas ! prétendre qu'à un à peu près ; et, d'un autre côté, nous ne savons que trop combien est lourd le travail matériel imposé à nos artistes.

Pour prendre notre troupe comme exemple, nous la voyons jouer à Châlons, le dimanche ; à Epernay, le lundi, et à Vitry, le mardi ; puis encore à Châlons, le jeudi. Pour ces quatre représentations, il faut généralement apprendre et mettre en scène deux grandes pièces et une ou deux petites. Peut-on croire qu'à l'exception d'un ou deux artistes, qui ont conscience de leur métier, les autres aient le temps d'étudier et leur rôle, et leurs effets, et la bonne diction ?

Pour la comédie et le drame, avec de la mémoire et surtout le renfort du souffleur, on

arrive, vaille que vaille, à mettre une pièce sur
ses pieds, en quelques répétitions ; mais quand
il s'agit 'de monter un opéra-comique en trois
actes, c'est une autre histoire. On pourrait
croire qu'il s'agit tout simplement de distribuer
la partition aux artistes et de leur dire : « Etu-
diez. » On se tromperait étrangement. Parfois,
le ténor et le baryton ont quelques notions de
la musique. A cette assertion, on va certainement hasarder un sourire incrédule, et nous
dire : « Mais pour chanter une partie d'opéra,
saisir les modulations, observer la mesure et
conserver une certaine confraternité avec les
parties d'orchestre, il est très-naturel qu'on soit
musicien. C'est même là une des conditions
essentielles d'un exécution convenable. »

Nous l'avions cru aussi, lecteur ; nous nous
étions complètement fourvoyé. Alors qu'ailleurs,
il faut un lièvre pour faire civet, ici il n'est pas
besoin d'un musicien pour faire un chanteur.
Donc, nous continuons à dire que quelquefois les
artistes-hommes ont une teinte de musique,
mais chez les artistes-dames, c'est une exception. Quant aux seconds rôles et aux choristes,
ce serait chose rarissime. De sorte que vous pou-
vez ou plutôt non, il vous est impossible de
vous représenter d'ici le travail gigantesque et

herculéen d'un modeste chef d'orchestre, qui, armé de son violon, de 10 heures du matin à 6 heures du soir, égrène les mêmes notes et serine les mêmes airs. Il passe ainsi du ténor à la première chanteuse, et du baryton à la seconde chanteuse ; puis ce sont les chœurs, — et pour qu'il y ait moins d'erreurs, les trois parties des chœurs se chantent à l'unisson ; — puis, lorsque chacun connaît à peu près par cœur sa... — nous allions dire sa chanson, disons plutôt sa partie — alors le chef d'orchestre apaire les duos, met en présence les trios, et lance une charge de chœurs. Les premières fois, cela est drôle ; il faut que le chef d'orchestre, soutienne les hésitants tantôt avec son violon, tantôt avec son regard foudroyant et ses exhortations pittoresques.

Et quand, le soir de la première représentation, le rideau se lève pour montrer ou les *Brigands* ou les *Mousquetaires au Couvent*, lorsqu'on applaudit à la romance de Fiorella ou à la légende du Mousquetaire gris, le spectateur ne se doute guère de la somme immense de patience et d'impatiences, de travail et d'activité qu'a dû dépenser le petit bonhomme assis sur une grande chaise, qui agite fiévreusement une petite baguette noire ou un archet.

Mais avant le lever du rideau, il a fallu encore la préparation de l'orchestre.

Dans certaines petites localités, c'est le piano qui tient lieu d'orchestre. Ici point de difficultés ; la pianiste fait ordinairement partie du personnel ; pendant les études préparatoires et le travail d'ensemble, on s'est vu, on s'est senti, on s'est coudoyé et, au point de vue musical, l'orchestre-piano et la scène vivent généralement en assez bonne intelligence.

Quand il y a adjonction de l'orchestre symphonique, la chose est souvent plus difficile, et d'autant plus difficile que la préparation est très-défectueuse. En effet, il est bien rare qu'il y ait, avant la représentation, plus d'une répétition d'ensemble. Les gourmets ne manquent jamais l'occasion d'établir aussitôt une comparaison avec l'interprétation parisienne. Nous répéterons ici, et avec encore plus de force, ce que nous disions de la comédie. Nous ne pouvons espérer que de l'à-peu-près. En effet, alors qu'à Paris, aussi bien à l'Opéra-Comique qu'à la Renaissance ou même aux Bouffes, on ne produit pas devant la rampe une pièce en trois actes, sans qu'elle ait subi une étude de chant et d'orchestre d'au moins un mois, dans nos petits théâtres on voit généralement une pièce pousser l'autre, et directeur et artistes s'estiment très-heureux quand ils arrivent à donner cinq ou six représentations du même opéra-comique.

Quoi qu'il en soit, tout en constatant les défectuosités d'exécution — défectuosités que nous expliquons, dont nous donnons la cause et qu'avec le système adopté, nous déclarons inévitables — nous rendons justice aux exécutants, qui font ce qu'ils peuvent et qui arrivent néanmoins, malgré le peu d'études que le temps leur permet, à fournir une idée à peu près exacte de l'œuvre qu'ils doivent interpréter.

Y a-t-il possibilité d'améliorer cette situation si fâcheuse au point de vue de l'influence que l'art pourrait exercer sur les masses? Nous répondons sans hésitation : oui, on peut facilement en province imprimer une grande impulsion aux arts, et pour atteindre ce but si désirable, si enviable pour le goût et les mœurs, il ne faut qu'un peu d'argent. Tout le secret est là, et une ville qui voudrait avoir un bon orchestre l'obtiendrait en payant convenablement les cachets des représentations comme ceux des répétitions.

Le sujet que nous traitons ici nous amène naturellement à parler du rôle que les sociétés

4

philharmoniques pourraient jouer au théâtre.
A notre avis, ce rôle, qui est nul aujourd'hui,
devrait être considérable ; car une société philharmonique, qui est une sorte de petit conser-
vatoire musical, est tout naturellement indiquée
pour fournir au théâtre l'appoint d'artistes
exécutants et de choristes qui lui manque.

La partition d'un opéra est certainement pour
un orchestre symphonique la meilleure étude
d'exécution et d'ensemble qu'on puisse lui imposer. De même que les chœurs, appris et chantés
sur la scène, par les membres des orphéons,
seraient pour eux le travail le plus profitable.

Il faut bien avouer qu'en France, les orphéons
sont, en général, fort médiocres. Cela tient à
plusieurs causes : d'abord parce que la première instruction musicale n'est pas obligatoire
dans toutes les écoles ; puis parce que la voix
est mal cultivée ; enfin parce que le répertoire
des chorales est très-pauvre, et que sous prétexte de vulgariser le chant, certains composi-
teurs parisiens, sans grande valeur artistique,
et surtout sans une notion exacte des ressources
de la province, se sont donné la spécialité d'être
les pourvoyeurs des orphéons. Alors, au lieu
d'offrir des œuvres bien faites aux hommes de
bonne volonté et aux ouvriers, qui se groupent

entre eux pour consacrer à la musique les rares loisirs d'une vie absorbée par le travail, on n'a orné le répertoire des sociétés chorales que de pauvretés musicales sans nom et dans lesquelles on supplée au chant réel, viril et expressif, par des niaiseries comme l'imitation des cloches et des locomotives, le bruissement du vent ou des fontaines.

Les observations et les récriminations que nous formulons ici, nous les avons faites souvent dans la presse ; et dernièrement il nous a été donné de lire, dans la *Revue des Deux-Mondes* (1), une étude sur la MUSIQUE EN ALLEMAGNE, étude dans laquelle l'appréciation de l'auteur est tellement semblable à notre manière de voir que nous nous permettons de nous appuyer sur son autorité et de lui emprunter l'extrait suivant :

« Trop souvent détournée de ses véritables voies, la musique, considérée comme moyen d'éducation populaire, a perdu chez nous l'influence moralisatrice que, mieux qu'aucun autre art, elle est propre à exercer. Certes l'étude du dessin offre une utilité plus directe : dans pres-

---

(1) 1re livraison de janvier 1879.

que toutes les professions, elle devient une
cause de progrès et de supériorité, et la culture
du goût sous ce rapport se traduit pour un pays
par un accroissement de la fortune publique.
Mais, à son tour, la musique chorale doit être
plus qu'une distraction offerte à toutes les classes d'une nation et, pour paraître moins immé-
diate, son utilité n'est pas moins réelle. Elle
excelle, en effet, à faire naître et à développer
ces sentiments de générosité, de dévouement
et d'enthousiasme qui sont la force d'un peuple.
Elle les prend à leur source et renvoie leur écho
au plus profond de notre être. Elle a pour cela
des ressources admirables, et loin d'être,
comme les autres arts, condamnée à l'immo-
bilité, elle agit et se transforme sans cesse avec
ses contrastes, avec la simultanéité des accords
ou la combinaison des rythmes les plus variés.
Au moyen de ces formes animées, elle sollicite
les esprits les plus inertes, et, en leur commu-
niquant son propre mouvement, elle évoque en
eux ces pensées confuses, complexes, indicibles,
qui dorment au fond de chacun de nous. Elle
prête à toutes une représentation qui s'adresse
aux natures les plus diverses parce qu'elle res-
pecte la pleine liberté de notre âme et la convie
à une muette et intime collaboration. Aussi,

comme l'éloquence, elle a le don de pénétrer les foules et de les faire vibrer à l'unisson. Elle les rend plus fortes et plus courageuses; elle les exalte au moment du danger ou les soutient durant l'épreuve et, entre les mains des maîtres, elle devient un des instruments de sociabilité les plus énergiques, parce qu'elle mêle les hommes par la plus active et la plus étroite union.

« Qu'avons-nous fait, que faisons-nous encore d'une pareille force? Et cependant notre race est loin d'être, comme on l'a dit, réfractaire à la musique chorale. On trouve chez nous autant qu'ailleurs des voix timbrées, étendues, souples et capables d'intonations correctes. Que de fois, dans les salles d'asile de village, nous avons entendu les petits enfants attaquer avec ensemble et justesse des chants assez compliqués. Si, après être sortis de l'asile, garçons et fillettes étaient encore exercés, chaque jour, pendant quelques instants, à la classe, on arriverait, nous n'en doutons pas, à cultiver leur mémoire et leurs aptitudes musicales. Mais tout cesse brusquement avec l'entrée à l'école, et quant aux élèves de nos lycées, l'emploi de leur temps est si rempli et si disputé que la musique peut à peine en obtenir quelques moments. Chez nos voisins (les Allemands), au contraire, elle continue d'avoir sa place marquée dans l'éducation scolaire. Qui s'attendrait par exemple, à trouver au fond du duché de Saxe-Meiningen, à Salzungen, dans une petite ville qui ne compte pas quatre mille âmes, une maîtrise composée de jeunes enfants dont l'instruction musicale est si complète qu'ils arrivent à chanter avec une rare perfection des œuvres chorales de Bach, de Scarlatti, de Mendelssohn? En regard de cette lueur de poésie qui s'allume et brille ainsi jusque dans les plus humbles demeures et les moindres bourgades de l'Allemagne, quelle part chez nous le travail et le continuel souci des intérêts matériels laissent-ils aux manifestations de l'art dans la vie de nos campagnes? Il importe que nous profitions de ces enseignements et que nos enfants, eux aussi, reçoivent par la musique un complément de culture qui, en se développant, permettrait d'associer la nation tout entière à de pures et nobles jouissances. »

Ce sont là d'excellentes paroles auxquelles nous applaudissons, et nous nous appuyons sur elles pour persister à croire qu'un des moyens les plus efficaces pour former les chorales à l'étude du chant serait de leur confier l'exécution sur la scène d'œuvres de maîtres. Elles apprendraient là mieux qu'ailleurs à chanter correctement, à observer la mesure, le mouvement, les nuances et l'expression.

Nous voudrions également que les exécutants de l'orchestre symphonique fussent obligés d'apporter leur concours aux représentations, après un nombre suffisant de répétitions.

De la sorte, les instrumentistes, les orphéons. le théâtre et le public y gagneraient.

CHAPITRE IV.

—

Les salles de théâtre.

———

Avant de parler spécialement du théâtre de Châlons et des améliorations qu'il serait urgent d'y apporter, nous dirons quelques mots des salles de spectacles et nous donnerons également à nos lecteurs certaines notions fort succinctes sur le travail de la scène, car on connaît généralement très-peu ce qui se passe derrière le rideau.

Nous avons dit, au commencement de cette étude, que, dans l'antiquité, le premier auteur connu, Thespis, promenait ses acteurs sur un théâtre ambulant, qui n'était autre qu'un chariot. Eschyle construisit ensuite un théâtre sur des tréteaux. Puis, à Athènes, on bâtit en planches un théâtre qui, un jour, trop chargé, s'écroula. Alors on en édifia un en pierre. Telle fut l'origine de ces superbes théâtres qu'on vit dans toutes les villes de la Grèce, à l'exception de Lacédémone, et dont Sophocle avait fait naître l'idée à ses concitoyens. Les Grecs donnaient à leurs théâtres la figure des nefs de nos églises ; leur enceinte était circulaire par une extrémité et carrée par l'autre. Le demi-cercle contenait les spectateurs rangés sur des gradins circulaires qui s'élevaient en amphithéâtre, et formaient plusieurs étages placés les uns au-dessus des autres jusqu'au sommet de l'édifice, et le carré long servait aux acteurs et au spectacle.

C'est encore à peu près la disposition qui est généralement adoptée aujourd'hui.

Les Romains n'eurent, pendant longtemps, que des théâtres en bois. Les jeux terminés, on abattait ces édifices, qui ne consistaient qu'en une scène, sans gradins pour les spectateurs ; ceux-ci, par conséquent, étaient obligés de sé tenir debout. Puis le goût des spectacles croissant, on construisit des théâtres avec la plus grande magnificence. Nous n'avons pas à faire la description des théâtres de l'antiquité. Comme renseignement nous citerons seulement le théâtre de l'édile Æmélius Scaurus. Ce théâtre était composé de trois ordres d'architecture et soutenu par trois cent soixante colonnes, dont les plus élevées étaient de bois doré, celles du mi-

lieu de cristal de roche, et les dernières de
marbre de Crête. Dans les intervalles, étaient
rangées des statues de bronze au nombre de
trois mille, et tout l'édifice contenait quatre-
vingt mille spectateurs.

Les vastes proportions des théâtres anciens
imposaient l'obligation de consacrer une attention toute particulière à l'observation des règles
de l'acoustique. Dans les ruines du théâtre de
Tauromenium, on admire encore aujourd'hui
les effets presque merveilleux de l'écho. Pour
en augmenter d'ailleurs encore la puissance, on
plaçait sous les gradins des vaisseaux répercu-
teurs du son, des bassins d'airain.

Les auteurs, près desquels nous avons puisé
quelques détails, nous disent qu'il serait fort
difficile de déterminer d'une manière précise
l'époque de la construction des premiers théâtres en Europe pendant le moyen âge. Les Mystères, qui furent les premiers essais dramatiques,
se représentaient sur des échafaudages dressés
sur les places ou dans de vastes salles. Ce ne
fut que dans le seizième siècle que des architectes italiens édifièrent des théâtres fixes. Il en
existe encore aujourd'hui deux : l'un, le théâtre
Farnèse, à Parme, qui pouvait contenir 4,500
personnes ; l'autre, celui de Vicence, construit

par Palladéo, est une imitation exacte des théâtres antiques, dans une dimension fort restreinte. Mais la disposition de ces théâtres ne pouvait plus convenir aux usages modernes. On remplaça bientôt les gradins par des rangs de loges ou des balcons, et la scène devint plus profonde, afin de faire jouer les machines et produire des effets pittoresques.

Le théâtre moderne exige une scène pour les acteurs et une salle pour les spectateurs, disposée de manière qu'on puisse voir la scène de tous les points, un orchestre, un foyer ou promenoir, des escaliers et des vestibules. Mais il faut bien avouer que, dans presque toutes les villes, les architectes, qui construisent un théâtre, se préoccupent beaucoup plus d'obtenir le plus grand nombre de places possible que de fournir au spectateur le confortable et d'assurer en même temps sa sécurité.

En effet, d'un côté, le public lorsqu'il est dans la salle de spectacle est entassé, resserré et ne peut faire aucun mouvement ; les banquettes, comme les fauteuils sont tellement rapprochés qu'on ne gagne sa place qu'à l'aide d'efforts inouïs et après avoir ou écrasé les pieds ou meurtri les genoux de ses voisins.

D'un autre côté, les dégagements sont tellement insuffisants les escaliers tellement étroits, les sorties si peu nombreuses, qu'en cas d'alerte ou de sinistre, l'évacuation de la salle s'opère lentement, et que le nombre des victimes est toujours considérable. Chaque année apporte son contingent d'accidents effroyables; et néanmoins on suit toujours les mêmes errements. Il existe, il est vrai, des règlements généraux, des règlements de police, des arrêtés préfectoraux; mais, la plupart du temps, ils restent lettre morte.

Parmi les documents de ce genre qui sont à notre connaissance, nous citerons un récent arrêté de M. le Préfet de la Marne. Cet arrêté est aussi important par les excellentes mesures préventives qu'il ordonne de prendre, que par le soin intelligent avec lequel sont traitées toutes les questions qui ont pour but de sauvegarder la vie des citoyens.

Nous croyons utile de terminer le chapitre *Salles de théâtre* par la publication de ce document :

Nous, PRÉFET DU DÉPARTEMENT DE LA MARNE, Officier de la Légion-d'Honneur,

Vu la loi des 16-24 août 1790, 19-22 juillet 1791 et 18 juillet 1837; les arrêtés du gouvernement du 1er germinal an VII; le décret du 6 janvier 1864;

la circulaire du 28 avril 1864 et l'article 471 du code pénal ;

Vu l'arrêt de la cour de cassation du 12 septembre 1815 contenant une appréciation des pouvoirs des Préfets en matière de police ;

Vu les rapports de la Commission départementale des bâtiments civils ;

Considérant qu'il importe d'assurer dans les théâtres la sécurité des spectateurs et notamment de prendre les mesures nécessaires pour diminuer les causes d'incendies et faciliter la sortie du public,

ARRÊTONS :

TITRE Ier. — THÉÂTRES A CRÉER.

CHAP. Ier. — DISPOSITIONS PRÉLIMINAIRES.

ART. 1er. — Toute personne voulant faire construire ou exploiter un théâtre est tenue d'en faire la déclaration préalable à la préfecture et de déposer à l'appui de sa déclaration les plans détaillés avec coupes et élévations du théâtre en projet et avec l'indication du nombre des places par étage et par espèce.

ART. 2. — Le déclarant sera informé après avis de la commission des bâtiments civils, des modifications qu'il serait nécessaire d'introduire dans l'exécution des plans déposés.

ART. 3. — Après la réception du théâtre, aucun changement ne pourra être apporté dans sa construction ou son aménagement sans l'accomplissement des mêmes formalités.

Art. 4. — Cette réception sera faite par le maire ou le commissaire de police assisté d'un architecte ou d'une personne compétente pour donner au besoin une appréciation sur l'exécution des modifications demandées par l'administration.

Le procès-verbal de cette réception sera adressé immédiatement à la préfecture.

CHAP. II. — AMÉNAGEMENT DE LA CONSTRUCTION.

Art. 5. — Le théâtre doit être divisé en trois parties bien distinctes :

1° La salle de spectacle et ses abords comprenant tous les locaux où le public est admis ;

2° La scène avec ses dessous et ses parties hautes ;

3° Les loges d'artistes ainsi que les logements et les bureaux de l'administration.

Art. 6. — Le théâtre pourra être isolé ou adossé. En cas d'isolement, il sera laissé sur tous les côtés qui ne seront pas bordés par la voie publique un espace libre ou un chemin de ronde suffisant.

En cas d'adossement d'une partie quelconque du théâtre, il sera construit un contre-mur en maçonnerie de 25 centimètres au moins d'épaisseur.

Art 7. — Les trois parties du théâtre seront séparées par de gros murs construits en matériaux incombustibles.

La salle et les bâtiments d'administration devront avoir sur l'extérieur des issues distinctes.

Art. 8. — Les combles et la calotte de la salle seront construits en fer et hourdés en maçonnerie.

Aucune installation ne sera faite sur les combles sans l'autorisation de l'administration municipale.

ART. 9. — Le magasin de décorations et accessoires devra être établi hors de l'enceinte du théâtre. Il ne pourra être conservé dans cette enceinte que les décorations et les accessoires indispensables au courant des représentations.

Tous les décors seront rendus ininflammables au moyen d'une préparation spéciale.

Les essais destinés à constater l'inflammabilité seront renouvelés à l'ouverture de chaque saison théâtrale.

ART. 10. — Il n'existera entre la salle et la scène d'autres ouvertures que :

1° L'ouverture de la scène qui sera fermée par un rideau métallique soutenu par des cordages combustibles ; des contre-poids suspendus à des cables métalliques devront modérer son mouvement descendant.

2° Les portes de service qui devront être en fer et interdites au public.

ART. 11. — Les décorations fixes, dans les parties supérieures de l'ouverture d'avant-scène doivent toujours être incombustibles et les rideaux fermant la scène ininflammables.

Toute toile ou papier décoratif devra adhérer exactement à la surface qu'elle recouvre et particulièrement à celle de la calotte de la salle. L'espace au-dessus de cette calotte devra rester complètement libre

sans aucune installation autre que les appareils nécessaires à la manœuvre du lustre.

ART. 12. — Le lustre sera suspendu par un cable
métallique.

Un tissu métallique à mailles, suffisamment serrées
garantira les spectateurs de la chute possible des verres et cristaux

Les cables des lustres devront être fréquemment
vérifiés et manœuvrés en présence de l'administration
municipale.

ART. 13. — Les portes ouvrant de la salle sur les
couloirs seront disposées de manière à s'appliquer
contre le parement extérieur de la cloison dans le
sens de la sortie ou au moins présenter deux vanteaux.

Elles devront être dépourvues de serrures et être
fermées de manière à céder à une pression de l'intérieur.

ART. 14. — Toutes les portes donnant sur l'extérieur de l'édifice ne seront pas fermées à clef pendant
les représentations et devront pouvoir être ouvertes
facilement de l'intérieur, en se développant du dedans
au dehors.

ART. 15. — Les escaliers, y compris les marches,
seront en métal ou en pierre.

Ils seront pourvus dans toute leur hauteur d'une
double rampe.

Cette disposition sera applicable aux théâtres
existants, en cas de reconstruction ou réfection des
escaliers.

5

Chap. III. — Eclairage et chauffage.

Art. 16. — La scène, la salle et les couloirs ne peuvent être chauffés que par des bouches de chaleur dont le foyer sera dans les caves.

Si le même système n'est pas employé pour les loges d'artistes et les logements existant dans le théâtre, le mode de chauffage sera réglé par l'administration municipale qui indiquera les mesures à prendre et les travaux à exécuter pour éviter les causes d'incendie.

Art. 17. — Les conduits de chaleur et bouches des calorifères devront être éloignés d'au moins 0m 16 de toute matière combustible Les bouches de chaleur notamment seront entourées de pierre, carreaux ou ciment.

Art. 18. — Les cheminées, cloches et batteries de calorifères seront nettoyées au moins deux fois par an. De plus, chaque année avant l'hiver, il sera procédé à l'examen des conduits apparents de chaleur et de fumée notamment à l'orifice des bouches qui sont souvent remplies de matières inflammables.

Art. 19. — Si le gaz est employé pour l'éclairage, il y aura un compteur pour chaque partie du théâtre. Les tuyaux ayant plus de 0m 010 de diamètre seront en fer.

Art. 20. — L'emploi des huiles minérales, des essences et des hydrocarbures est formellement interdit.

Art. 21. — Des lampes brûlant à l'huile végétale, munies de manchons de verre et allumées depuis l'entrée du public jusqu'à sa sortie, seront placées en nombre suffisant dans toutes les parties qui lui sont ouvertes pour prévenir une complète obscurité en cas d'extinction subite du gaz. Les appareils, linges et chiffons servant à l'entretien de ces lampes, seront enfermés dans une boîte métallique.

Art. 22. — Les herses seront entourées par un grillage assez éloigné de la flamme pour garantir du contact tout objet flottant.

Les prises de gaz et les herses seront établies dans le même plan vertical afin de garantir de tout accident le boyau d'alimentation.

Les herses devront être suspendues par trois fils métalliques au moins. Le boyau qui les alimente sera toujours soutenu à une élévation supérieure à celle des plus haut chassis, par un appareil approprié.

Les herses seront toujours manœuvrées verticalement ; elles ne pourront être allumées qu'en présence des sapeurs-pompiers qui détermineront la hauteur à laquelle l'allumage peut être fait sans danger.

Art. 23. — La lumière d'allumage sera défendue par une enveloppe en toile métallique et montée sur une tige rigide.

Art. 24. — La rampe d'avant-scène sera établie à flamme renversée. Les lumières des rampes de terrain seront munies d'une enveloppe en fils métalliques à mailles serrées formant corbeille au-dessus des becs.

ART. 25. — Les lumières des portants seront garanties jusqu'à hauteur d'homme par des grillages à
mailles serrées et la partie supérieure des dits portants sera couronnée par un fumivore de dimension
suffisante.

ART. 26. — Les loges et foyers d'artistes, éclairés
au gaz, auront des becs fixes à l'exclusion de toute
genouillère ; les becs seront entourés d'un manchon
de verre ou d'une toile métallique.

Les appareils d'éclairage portatifs sont interdits dans
cette partie du théâtre.

ART. 27. — Les couloirs d'accès et les escaliers
seront éclairés par des appliques vitrées et garnies de
manchons grillagés.

Le poste du gaziste devra être établi de telle sorte
que cet agent puisse y rester, quoi qu'il arrive, jusqu'au dernier moment. On devra lui réserver une
porte spéciale si l'état des lieux le permet.

CHAP. IV. — SECOURS CONTRE L'INCENDIE.

ART. 28. — Il y aura dans chaque théâtre une
canalisation d'eau en pression suffisante pour défen-
dre aussi bien les parties hautes que les parties bas-
ses.

ART. 29. — Les diamètres des tuyaux et la nature
du métal employé seront déterminés après examen
par l'administration municipale.

Ces tuyaux seront munis de robinets de barrage en
nombre suffisant pour parer au danger qu'entraînerait
leur rupture.

ART. 30. — En outre un ou plusieurs réservoirs, pouvant être mis facilement en communication avec la canalisation d'eau en pression, sera établi sous les combles. La capacité de ces réservoirs sera déterminée par l'importance du théâtre.

ART. 31. — Enfin, sauf exception que l'administration municipale appréciera, une ou plusieurs pompes prêtes à fonctionner devront être installées aux rez-de-chaussée ou dans la cave, dans un local voûté, séparé des parties avoisinantes et ayant une issue directe sur l'extérieur. Ces pompes seront pourvues de moyens d'alimentation spéciaux.

ART. 32. — S'il existe une distribution d'eau dans la ville, une bouche d'incendie sera installée à l'extérieur du théâtre près de chacune de ses entrées.

Le grillage des fenêtres est interdit.

ART. 33. — Des échelles fixes en fer seront établies sur les façades de l'édifice au droit des fenêtres ou des ouvertures percées à cet effet, sauf les exceptions qui seront déterminées par l'administration municipale.

Des avis clairs et concis seront apposés dans les couloirs et sur les portes pour indiquer la sortie et les secours mis à la portée du public. Ces indications devront être convenablement éclairées.

CHAP. V. — LOCAUX ACCESSOIRES.

ART. 34. — Les vestiaires seront installés de façon à ne pas gêner le public.

Il est interdit de placer des spectateurs sur des

sièges quelconques, chaises ou tabourets dans les couloirs ou passages ménagés à l'intérieur ou à l'extérieur de la salle pour la circulation de tous.

Art. 35. — Lorsqu'il sera établi un fumoir, son installation et son aménagement devront être approuvés par l'administration municipale.

Art. 36. — Il est interdit de louer une boutique ou un magasin dépendant du théâtre à tout commerçant ou industriel dont la profession présente des dangers d'incendie.

Les cafetiers ne pourront avoir qu'une provision d'alcools déterminée par le Maire; ils ne pourront faire usage pour l'éclairage d'essences ou huiles minérales.

Art. 37. — Nul ne pourra être logé dans aucune partie du théâtre, si ce n'est dans les appartements ménagés pour le personnel de l'administration du théâtre.

TITRE II. — THÉÂTRES EXISTANTS.

Les théâtres existants dans le département de la Marne devront, pour être ouverts au public, présenter les dispositions suivantes :

Art. 38. — Ceux qui sont construits en bois et enclavés dans des maisons également bâties en bois devront être isolés sur les quatre faces. Un chemin de ronde d'une largeur suffisante sera ménagé tout autour.

Les combles, au-dessus de la scène et de la salle

seront hourdés en plâtre de manière à ne présenter aucune pièce de bois apparente. Il en sera de même de la calotte de la salle.

ART. 39. — Les cafés-concerts et autres spectacles publics ont un décor unique et fixe et une scène sans machinations, sans dessus ni dessous.

ART. 40. — Les dispositions établies pour les théâtres en ce qui concerne les loges d'artistes et la circulation du public sont applicables aux cafés-concerts et autres spectacles publics.

ART. 41. — Les prescriptions des articles 8 § 2, à 37 inclus du présent arrêté, seront applicables aux théâtres, cafés-concerts et autres établissements analogues existant dans le département de la Marne. Les articles 1 à 8 § 1er ne concernent que les théâtres à créer.

TITRE III. — CIRQUES.

CHAP. Ier. — CIRQUES A DEMEURE.

ART. 42. — Les dispositions des articles 1 à 5 du présent arrêté sont applicables aux cirques à construire à demeure. Celles des articles 13 à 21, 27 à 29. 31 à 35 sont applicables aux cirques construits et à construire.

ART. 43. — De plus, la salle devra être séparée des écuries par un gros mur en maçonnerie avec porte pleine en fer.

ART. 44. — Les différents étages du cirque devront

être pourvus de deux escaliers avec sortie spéciale sur la voie publique.

ART. 45. — Aucune installation ne pourra être pratiquée sous les gradins du pourtour de la salle, si, en cet endroit, il n'a pas été pris les précautions convenables contre l'incendie. A cet effet, les cloisons séparant soit les magasins, soit les loges, soit un compartiment réservé quelconque, seront en maçonnerie et les plafonds devront être formés de voûtelettes en briques avec sommier en fer à I. Les gradins ou sièges reposeront sur ces voûtes.

ART. 46. — Indépendamment de la prescription de l'article précédent, aucune installation ne pourra être conservée ou créée sous l'amphithéâtre sans une autosation écrite de l'administration municipale indiquant les conditions et précautions à observer.

CHAP. II. — CIRQUES ET THÉÂTRES AMBULANTS.

ART. 47. — Les cirques et théâtres ambulants ne pourront être ouverts au public sans autorisation du Maire donnée par écrit après visite d'un architecte ou d'un agent de la voirie.

L'article 21 est applicable aux cirques et théâtres ambulants.

ART. 48. — Dans les cirques couverts en toile supportée par des mâts, ces mâts seront maintenus dans la position verticale au moyen de cables métalliques.

Les toiles seront reliées aux mâts par des liens incombustibles.

ART. 49. — Il est interdit de fumer dans l'enceinte des cirques et dans les écuries.

DISPOSITION GÉNÉRALE.

MM. les Maires et Commissaires de police sont chargés d'assurer l'exécution du présent arrêté qui sera exécutoire à partir du 1er octobre 1882 pour les théâtres et cirques construits à demeure et immédiatement pour les théâtres et cirques ambulants.

Châlons, le 15 mars 1882.

Le Préfet de la Marne,
A. DELASALLE.

D'après les sages dispositions de cet arrêté, on peut voir qu'aucun des théâtres de la Marne, pas même le nouveau théâtre de Reims, ne se trouve dans les conditions voulues pour assurer la sécurité du spectateur.

En terminant, nous formulons un vœu : c'est que M. le Préfet de la Marne tienne énergiquement à l'application de son arrêté, et ne cède à aucune des réclamations qui lui seront probablement adressées, dans le but de retarder, c'est-à-dire d'ajourner indéfiniment l'exécution des mesures préservatrices qu'il a édictées.

CHAPITRE V.

—

Derrière la toile.

———

Il ne suffit pas qu'une pièce soit intéressante
et bien écrite ; pour qu'elle plaise au public et
qu'elle ait des chances de réussir : il faut qu'elle
soit bien montée, c'est-à-dire que la mise en
scène, les décors et les costumes forment un
ensemble satisfaisant, qui flatte la vue, en même
temps que l'action s'empare de l'esprit et de
l'attention du spectateur. Nous ne craignons
même pas de dire que la mise en scène entre
comme appoint considérable dans le succès
d'une pièce.

C'est de ce travail préliminaire subi par une
œuvre quelconque, avant de paraître devant le
public, que nous voulons dire quelques mots.

Dans nos théâtres modernes, la scène est
complètement isolée du public. Il n'en fut pas
toujours ainsi ; car, au siècle dernier, il y avait

encore sur la scène deux rangs de fauteuils de chaque côté à l'usage des spectateurs.

La scène commence à la partie du plancher qui s'avance dans la salle, et qu'on nomme pour cette raison avant-scène. Sur le devant, au milieu, on aperçoit une petite boîte, une sorte de niche, dans laquelle se tient le souffleur, et de chaque côté se trouve un appareil à gaz nommé rampe, qui éclaire fortement les acteurs.

Aujourd'hui, on donne peu de profondeur à la scène, mais on la fait avancer davantage dans la salle, afin que la voix des artistes ne se perde pas dans les frises et dans les toiles supérieures. D'un autre côté, pour augmenter l'illusion et comme effet d'optique, le plancher de la scène est incliné, c'est-à-dire que du fond il arrive jusqu'à la rampe avec une pente de 4 centimètres environ par mètre. Par contre, dans la salle, le plancher du parterre a une inclinaison en sens opposé et il va en s'élevant de l'orchestre jusqu'aux banquettes du fond.

Le plancher de la scène est en grande partie mobile et se divise en un certain nombre de parties qu'on appelle plans. Chaque plan est également divisé en plusieurs parties pour les trappes et les trapillons. Entre chaque plan

existent des sortes de rails, qu'on nomme les
costières et qui servent à faire glisser les portants ou châssis, qui soutiennent les décors.
Pour cacher les bords du décor, de chaque côté
de l'avant-scène, se trouve une draperie qui n'a
aucun rapport avec le décor lui-même : c'est le
manteau d'Arlequin, ainsi appelé parce que,
dans la comédie italienne, Arlequin, personnage principal, entrait et sortait par cette draperie.

Le plancher est supporté par des charpentes,
qui sont des assemblages de petits potelets aussi
légers que possible, car les machinistes doivent,
pour le service des trappes et des décors, pouvoir passer librement. Cette sorte de cave, qui
se trouve sous la scène, se nomme le dessous,
et la plupart des théâtres ont ainsi plusieurs
étages de planchers qui prennent les noms de
premier, deuxième, troisième dessous. Les
grands théâtres en ont jusqu'à cinq.

Tous les dessous répètent les plans de la
scène, les trappes, les trapillons, excepté les
costières, qui se trouvent remplacées par un
rail, dans le premier dessous. C'est sur ce rail
que glisse le chariot auquel est fixé le portant mobile qui, sur la scène, sert à attacher les
décors.

Dans les couloirs symétriques que forment les charpentes des dessous, sont établis les treuils qui servent à la manœuvre des trappes et à l'équipement des fermes. On appelle ferme la partie du décor de fond, qui fait face au public.

Au-dessus de la scène sont suspendues toutes les toiles de fond, les plafonds et aussi certaines fermes. On appelle cette partie du théâtre le cintre, et l'accès n'en est pas commode. Comme on laisse le plus de place possible pour la scène, le passage des coulisses est très-resserré; de sorte que les hommes de service sont obligés de recourir à de véritables expédients pour arriver à équiper la scène. Ainsi, pour parvenir au cintre, il faut grimper à une échelle droite fixée au mur; à dix ou douze mètres du sol, on arrive au corridor du cintre. Ce corridor est tout simplement un petit pont, ayant à peine la largeur de deux planches et muni d'une rampe de chaque côté, suspendu entre la toiture et le plancher, à l'aide de cordages attachés à la charpente du toit. A portée de la main, pendent des câbles, qui maintiennent les toiles décoratives, qu'on déroule selon les besoins de la pièce, et les fermes qu'on descend pour compléter un décor de fond.

Lorsqu'on assiste à une représentation, dans la salle, on entend, aussitôt que le rideau est tombé, un grand bruit de pas, de voix, de marteaux, etc. C'est que, tandis que le spectateur repose son esprit, pendant les quelques minutes d'entr'acte, il se produit derrière la toile un étonnant travail d'activité, dont on ne peut avoir l'idée. En effet, il s'agit, par exemple, de transformer un palais en une forêt. Alors, ce sont, d'une part, les acteurs qui se sauvent dans leurs loges pour changer de costumes ou pour reprendre haleine ; ce sont les machinistes qui enlèvent les panneaux du palais et qui, après les avoir remisés dans les coulisses, enlevés dans les cintres ou descendus dans les dessous amènent à la hâte les panneaux de la forêt. Pendant ce temps, les garçons retirent les meubles et les tapis ; le régisseur indique au chef-machiniste les objets nécessaires pour l'acte suivant et surveille l'habillement des artistes ; le chef-machiniste sur la scène commande à tous, au cintre, aux dessous, court de côtés et d'autres pour s'assurer que les décors et la ferme sont bien assujettis, que les indications ont été observées, que rien ne détonne dans l'ensemble. Puis le régisseur vient jeter son dernier coup-d'œil, et quand tous les gens de service stimulés, poussés, gourmandés, ont transformé la scène, quand tous les objets sont à leur place, quand les acteurs qui doivent entrer en scène sont là, aussitôt le calme s'établit, tout le monde s'écarte, on rentre dans la coulisse et le régisseur crie : au rideau. Alors les trois coups traditionnels se font entendre, l'orchestre joue sa ritournelle ou son ouverture, et, au dernier accord, plusieurs hommes, se pendant à un câble, lèvent le rideau, qui monte majestueusement vers les frises.

Dans les grands théâtres, le nombre des employés est considérable ; dans nos théâtres de province, même ceux de quatrième ou cinquième ordre, il est encore fort important. Le personnel-artiste se compose d'au moins 30 personnes ; l'orchestre, de 25 ; les machinistes, de 10 ; puis il y a les figurants, les coiffeurs, les tapissiers, les ouvreuses, les pompiers, les garçons de salle, les préposés aux billets et au contrôle, etc. De sorte qu'on arrive facilement au chiffre de 80 personnes employées au théâtre dans les pièces ordinaires ; car dans les pièces militaires, par exemple, la figuration s'augmente encore d'une trentaine d'individus.

Tout ce monde, c'est le régisseur qui doit à peu près le réglementer. Et, croyez-m'en, ce

n'est pas par la douceur et la persuasion qu'il y
parvient. Au cirque, le personnel-quadrupède
ne marche que par peur de la chambrière; au
théâtre, le personnel-bipède n'obéit que par
crainte des amendes. Le difficile pour le régisseur est surtout de faire évacuer la scène, d'é-
vincer les curieux, qui trompent si souvent la
consigne et se faufilent sur la scène, pendant
les entr'actes, au risque d'être gourmandés par
le pompier de service, bousculés par les aides-
machinistes, et écrasés par un décor qu'on
transporte à sa place.

Mais ce n'est pas tout. Le régisseur est un
vrai berger qui doit sans cesse veiller à ce que
son troupeau soit là près de lui et retenir grand
nombre de ses brebis toujours prêtes à vaga-
bonder de côtés et d'autres. Puis il lui faut
prendre soin qu'aucun acteur ne manque son
entrée, que les accessoires arrivent à l'heure
convenable, que les figurants soient prêts à
suivre leur chef de file, et que tout le monde
— mais cela est impossible — garde le silence.

Un berger a, pour ramener les traînards et
les égarés, un bon chien qui fait la police; le
régisseur le remplace, nous venons de le dire,
par les amendes.

6

Une excursion sur la scène, pendant un entr'acte, ou derrière les décors, pendant la représentation d'un acte, est, malgré les petits inconvénients que nous signalions tout-à-l'heure, fort intéressante pour quelqu'un qui n'est pas habitué aux choses du théâtre; mais nous ne la conseillons pas à quelqu'un qui veut garder ses illusions. Si, dans la salle, vous voyez le décor d'un palais splendide de décorations, de peintures, de dorures, de marbres, etc., dans la coulisse, vous n'apercevez plus qu'une toile grise clouée sur de vulgaires châssis en bois blanc, accotés sur des portants et accrochés vaille que vaille. Vous avez vu sur la scène ce misérable qui assassine son rival; cette grande dame étalant sa morgue insolente devant cette paysanne qui n'est pas de son monde; ces deux bons amis qui se retrouvent quinze ans après leur départ du collège; cette charmante et douce Agnès, si candide, si ingénue. Derrière le rideau, vous retrouvez le misérable et son rival assassiné en train de jouer aux cartes; la grande dame et la paysanne tricotent l'une près de l'autre; les deux bons amis continuant la dispute qu'ils avaient commencée avant d'aller s'embrasser devant le public; et la charmante Agnès, suffoquée probablement par une tirade de vingt-cinq lignes sur la vertu, sortant précipitamment de scène et exécutant un petit pas de cancan de nature à faire rougir le pompier de garde.

Voilà de quoi désillusionner sérieusement ceux qui versent de vraies larmes à la *Grâce de Dieu* et aux *Deux orphelines*.

Il y a encore bien d'autres choses qui, vues de près, manquent de charme ; c'est le magasin aux accessoires qui renferme des bric-à-brac qu'on écarterait du pied dans la rue et qui font beaucoup d'effet sur la rampe ; ce sont ces magnifiques toilettes, qui sont d'un passé!... ce sont les figures des artistes toutes ruisselantes de graisse, toutes bariolées de blanc, de rouge, de coups de crayons ; ce sont ces transformations de l'acteur obligé d'accentuer fortement les traits et les couleurs de son visage, afin de se faire « une tête, » qui ait, autant que possible, le caractère, la forme, la physionomie du personnage qu'il représente ; ce sont les postiches, les fausses barbes, les fausses moustaches, les faux mollets et beaucoup d'autres choses fausses destinées à remplacer des parties absentes ou manquantes.

Donc, pour admirer un chef-d'œuvre et pour assister avec fruit à une pièce intéressante, il faut bien se garder de voir l'envers du théâtre ; de même que pour savourer un mets délicieux il ne faut pas être présent à sa préparation.

———————

CHAPITRE VI.

—

Le théâtre de Châlons.

——

Nous avons dit ailleurs que presque tous les théâtres des petites villes de province se ressemblaient, avaient les mêmes besoins et péchaient par les mêmes côtés. Nous ne voulons nous occuper ici que du théâtre de Châlons ; et notre plus grand désir, en montrant d'une part ses défauts, en signalant de l'autre son utilité, serait d'arriver à obtenir, pour cet établissement, qui a, au point de vue local, une importance relativement assez grande, soit une transformation complète, qui est bien désirable, soit certaines améliorations qu'il serait, selon nous, facile d'y apporter.

Tout d'abord nous demanderons à nos lecteurs l'autorisation de leur communiquer certains renseignements, probablement peu connus, sur le théâtre de Châlons, et que nous ont fait découvrir les recherches auxquelles nous nous sommes livré dans les registres de la Ville.

Ce sera l'historique de notre théâtre.

En 1771, plusieurs habitants de Châlons, encouragés par M. Rouillé d'Orfeuil, intendant de la province de Champagne, résolurent de construire, à leurs frais, un théâtre, et d'en tirer profit, en louant la salle soit à des amateurs, soit à des troupes de comédiens. Ils s'adressèrent à M. Colluel, ingénieur des ponts et chaussées de Champagne, qui fit le plan du théâtre actuel. Les terrains furent achetés, l'édifice construit, et le théâtre fut exploité ; mais soit que l'entreprise n'ait pas réussi aux souhaits des actionnaires, soit que ceux-ci n'aient plus voulu se charger du soin de l'exploitation, ils s'entendirent avec le bureau de bienfaisance de Châlons et, après avoir été remboursés de leurs avances, ils laissèrent, simultanément et sans aucun titre, la propriété et la jouissance de l'établissement aux pauvres de la ville.

Cette espèce de cession date de 1789, et la salle dont il s'agit fut, à partir de cette époque, administrée et entretenue par les soins du bureau de bienfaisance.

Le bureau de bienfaisance, nous venons de le dire, avait pris possession du théâtre sans avoir

aucun titre de propriété ; mais, pendant trente
ans, la jouissance de l'immeuble ne fut troublée
par aucune opposition de la part des actionnaires, qui, du reste, avaient tous disparu en
1819. C'est alors que le bureau de bienfaisance,
qui n'avait pas fait de brillantes affaires avec le
théâtre, et qui souvent même n'avait pas pu
mettre de côté le droit des pauvres, offrit à la
Ville de lui céder l'édifice, moyennant une indemnité annuelle qu'elle-même fixerait.

Cette proposition fut introduite devant le
Conseil municipal, à la fin de 1819. Le 24 janvier 1820, cette assemblée s'occupa de l'affaire
et entendit un rapport très-détaillé sur la question.

Comme ce document est très-curieux aussi
bien au point de vue de la situation du théâtre à
cette époque qu'à celui de la propriété de la
Ville, nous le reproduisons, d'après les registres
municipaux :

Séance extraordinaire du 24 janvier 1820.

« M. Thomine, rapporteur, chargé d'examiner les
avantages et les charges qu'entraînerait l'acceptation
de la remise proposée par le bureau de bienfaisance à
la commune de la salle de spectacle de cette ville,
dit :

« 1° Que la salle de spectacle avait été donnée

gratuitement au bureau de bienfaisance par la très-grande majorité de ceux qui avaient contribué à sa construction, et qu'il en jouissait paisiblement depuis 1789 sans aucune réclamation.

« 2° Que, suivant les états qui lui ont été remis, de la part du bureau de bienfaisance, les produits, depuis 1809 inclusivement jusque et compris 1818, se montent à 15,998 fr. 78 c., et les dépenses à 5,717 fr. 11 c. : ce qui donne par année commune 1,599 fr. 88 c. de revenu et 571 fr. 74 c. de dépenses.

« 3° Que, dans ce produit, année commune, de 1,599 fr. 88 c., sont compris les droits des pauvres sur les bals, fixés au quart du produit brut ; et sur les représentations au dixième du même produit, droits que le bureau de bienfaisance évalue à la moitié du revenu total de la salle, ce qui constate que les loyers ne s'élèvent pas par année, à plus de 750 fr. ; qu'ainsi la dépense qui ne change pas étant de 575 fr , le revenu net est de 175 fr. par an.

« 4° Que, suivant le mode employé actuellement par le bureau de bienfaisance, on ne distingue pas le droit des pauvres de la location de la salle, on fait un abonnement pour le tout avec les artistes, savoir : 24 fr. par représentation de chaque dimanche, et 16 fr. par celles qui ont lieu une fois la semaine. Mais comme le droit des pauvres compte pour moitié, il s'en suit que la location n'est que de 10 fr. par représentation pour le loyer de la salle.

« On a l'expérience que les artistes ne restent pas plus de trois mois dans l'année, ce qui fait 24 représentations à 8 par mois, lesquelles, à raison de 10 fr. l'une, produisent 240 fr. On peut ajouter 4 bals et redoutes (1), qui rapportent 50 fr. l'un dans l'autre, et 80 fr. que le concierge paye par forme de location ; et on établira la totalité du revenu à 520 fr.; par conséquent, 55 fr. au-dessous de la dépense.

« Il est résulté de cet état de choses que, pour donner à la salle la solidité qui existe par la réparation faite aux fondations, le bureau de bienfaisance a été obligé de mettre en réserve, pendant plusieurs années, tout le produit, même le droit des pauvres, pour couvrir la dépense, et il y a encore à faire à la toiture des réparations urgentes qui coûteront près de 200 fr.

« Il existe un mobilier consistant en décorations, chaises, fauteuils, canapés et un poêle de fonte, qui sont la plupart en très-mauvais état, dont la valeur réelle peut être de 3,500 fr. Ces objets sont inventoriés, ce qui les distingue des décorations qui appartiennent au concierge et qu'il a fait faire, au défaut du bureau de bienfaisance, et qu'il évalue à 1,200 fr.

« Sur les deux questions de savoir : *Si la Ville doit accepter la remise de la salle de spectacle ; si elle*

---

1 On appelle *redoutes* les bals publics, dans lesquels on tend des jeux de hasard.

*doit donner une indemnité au bureau, et, dans le cas
de l'affirmative, à combien elle doit être évaluée,*

« La Commission a pensé que le bureau de bienfaisance avait deux motifs pour proposer ladite remise : le premier, l'inconvenance, parce que des
ecclésiastiques, étant membres de ce bureau, ont de
la répugnance à s'occuper de bals et de comédies ; le
second parce que le produit du droit des pauvres se
trouve absorbé par l'entretien journalier de l'intérieur
et les grosses réparations ; par la crainte qu'un incendie ne dévore cet édifice rempli de matières combustibles et que le bureau ne se trouve dans l'impossibilité de le rétablir. Enfin la certitude de recevoir
franc et quitte de toutes charges, le droit que les lois
accordent aux pauvres sur les spectacles, et ce que la
Ville accordera par forme d'indemnité.

« La Commission croit donc que la Ville doit
accepter la proposition du bureau, il est convenable
que cet établissement appartienne à la commune, et
contribue, en délassant les habitants, à soulager les
pauvres.

« Sur la seconde question relative à l'indemnité
que la ville doit offrir au bureau de bienfaisance, la
Commission a trouvé que cette question n'était point
facile à résoudre, la salle ne présente pas de revenus
pour pourvoir à l'entretien de l'intérieur et en même
temps aux grosses réparations de l'édifice.

« Le plafond qui est en toile peinte est en partie
pourri ; il faudra le faire faire en plâtre ou en blanc à

bourre ; la toiture est à réparer ; les murs des corri-
dors ont besoin d'être blanchis ; les peintures de la
salle, les décors et les meubles doivent être restaurés ;
le foyer dont la nudité répugne exige une dépense. Il
faudra faire l'acquisition des décorations qui appartiennent au concierge, et fournir celles que les artistes
pourront demander. Enfin, il est de la dignité de la
Ville d'entretenir avec décence cette salle et de faire
tout ce qui conviendra pour que celui qui paye y
t ouve agrément et propreté.

« Mais si on considère qu'il est entré dans les
motifs qui ont déterminé l'établissement des octrois,
d'appeler les communes à venir au secours des hôpi-
taux et des bureaux de bienfaisance, on ne s'arrêtera
pas aux désavantages que la commune éprouvera par
les charges qu'elle s'imposera. En acceptant la remise
de la salle des spectacles, on ne verra que l'avantage
d'établir un accroissement de revenu pour les pauvres,
en favorisant les moyens de procurer de l'amusement
aux habitants.

« Pour quoi la commission estime que l'indemnité
à proposer au bureau doit être de 300 fr. par an, qui
seront portées au budget en sus de la somme de
4,700 fr., qui y est créditée annuellement à son
profit.

« Le Conseil,

« Considérant que, d'après les détails dans lesquels
« est entrée la commission sur les produits et les dé-
« penses que la salle des spectacles occasionne au

« bureau de bienfaisance, on ne peut élever de doute
« que cette salle est plus onéreuse que profitable ;

« Que la municipalité, en acceptant la cession
« proposée, viendra au secours de l'administration
« de bienfaisance et l'affranchira des dépenses qui
« absorbaient les revenus ;

« Que, cette propriété devenant communale, on
« conservera un établissement qui favorise les arts et
« qui procure aux habitants des moyens de délasse-
« ments et de plaisir ;

« Enfin, que la caisse des pauvres recevra sans
« aucune retenue les droits qui lui sont attribués,
« ainsi que l'indemnité qui va être proposée ;

« A délibéré, qu'attendu les charges qu'entraine
« la propriété dont il s'agit, et la certitude qu'elles
« sont au-dessus du revenu, il ne pouvait accorder
« plus de 300 fr. de redevance annuelle, qu'il consi-
« dère comme uniquement une amélioration dans le
« revenu des pauvres.

« Ampliation de la présente sera envoyée au bureau
« de bienfaisance pour émettre son vœu sur l'offre
« faite par le conseil. »

Ce document important définit bien nette-
ment la situation du théâtre, et montre que cette
entreprise était une cause de plus d'embarras
que de produit pour le bureau de bienfaisance.
De plus, il est pour la Ville un titre complet de
propriété.

A cette offre du Conseil municipal, le Bureau de bienfaisance s'empressa, comme on le pense bien, de donner une réponse favorable. La rente annuelle et perpétuelle de 300 francs que lui fait la ville de Châlons est exempte de tout aléa, et ce revenu assuré est pour lui de beaucoup préférable. Du reste, avec les exigences du théâtre moderne, qui imposent de grands sacrifices aux villes, les municipalités ont seules maintenant la propriété des théâtres. Partout, les bureaux de bienfaisance ont agi comme celui de Châlons, et se sont ainsi évité des charges et des préoccupations.

En reprenant le théâtre, le Conseil municipal ne se faisait aucune illusion : il savait bien, et le rapport de M. Thomine l'exprime assez clairement, qu'il n'en pourrait tirer aucun profit. Aussi, la caisse municipale ne reçut-elle que très-rarement le droit de dix francs que la Ville imposait par représentation aux directeurs.

Après chaque saison théâtrale, on trouve assez régulièrement, dans les registres de la Mairie, une délibération conçue dans les termes suivants : « Il est donné lecture d'une pétition du sieur X..., directeur de la troupe ambulante du troisième arrondissement théâtral, par laquelle il demande qu'il lui soit fait remise de la somme de..., montant de la location de la salle des spectacles, pour les représentations qu'il a données à Châlons, du... au.... Considérant que le sieur X... n'a pas fait ses frais, pendant son séjour en cette ville, le Conseil autorise M. le Maire à n'exiger de ce directeur aucune location. »

Et presque chaque année, c'est le même refrain ; aussi, pour s'éviter la peine de prendre, tous les ans, la même délibération, le Conseil municipal résolut de ne plus demander de droits de location ; et, dans le budget de 1839 (séance du 28 janvier 1839), nous trouvons l'annotation suivante :

« Produit de la salle des spectacles 0 00

« Plusieurs villes accordent des subventions aux entreprises théâtrales. Dans les villes où la salle des spectacles n'appartient pas à des particuliers, il n'est point exigé de location.

« Les directeurs se plaignent que les frais, à Châlons, sont trop considérables, et, presque toujours, on est obligé de leur faire remise de la location.

« En somme, ce produit est presque nul.

« Le Conseil arrête que désormais, la salle sera accordée gratuitement. »

A cette époque, et en vertu de l'Ordonnance du 8 décembre 1824, Châlons était compris dans

le troisième arrondissement théâtral, mais n'é-
tait exploité que par une troupe ambulante.
Dans le troisième arrondissement, ces troupes
étaient au nombre de trois, et tour à tour l'une
d'elles venait à Châlons tenter la fortune
volage.

Pourquoi n'allait-on point au théâtre? C'était,
comme aujourd'hui, le problème difficile à résoudre. A la mairie, on s'en préoccupait, et le
28 août 1839, M. le Maire se faisant l'écho de
toutes les observations qu'il avait recueillies,
disait aux conseillers municipaux que, depuis
longtemps, le public se plaignait que la salle de
spectacle ne fût pas chauffée.

Les directeurs, de leur côté, voulant trouver
une cause à leur déveine, prétendaient que ce
motif empêchait la fréquentation du théâtre ;
aussi demandaient-ils avec instance l'établissement d'un calorifère.

« Bien qu'il soit question, lisons-nous dans le
procès-verbal de cette séance, de faire quelques changements dans l'intérieur de la salle, lorsque les fonds
du budget le permettront, M. le Maire pense que la
disposition actuelle de cette salle est telle qu'on peut
établir un calorifère, de manière qu'il puisse être
conservé, si ces changements s'exécutaient, et propose
de faire les fonds nécessaires au présent budget.

« Il fait observer qu'une nouvelle organisation a
eu lieu cette année ; qu'aujourd'hui la troupe de Reims
est sédentaire, et que, par suite de cette mesure, il y
aura désormais à Châlons spectacle pendant une partie
de l'année ; que l'itinéraire du directeur privilégié
est établi en conséquence ; mais que si l'on veut avoir
une troupe, il faut qu'elle puisse exister, et que l'administration doit faire tout ce qui dépend d'elle pour
que les recettes soient productives. »

Le Conseil municipal reconnut bien l'utilité
de l'établissement d'un calorifère ; mais il pensa
que cette dépense devait être ajournée jusqu'à
ce qu'un plan général des changements à faire
dans l'intérieur de cette salle fût adopté et pût
être mis à exécution.

Le Conseil municipal avait raison. Lorsqu'on
veut remédier à un mal, il ne faut pas employer
les petits moyens, il faut porter un grand coup.
Le Conseil pensa donc sagement qu'au lieu
d'apporter, un jour, une amélioration, un autre
jour, une autre, il était préférable d'attendre le
moment opportun, c'est-à-dire le moment où
l'état de la caisse municipale le permettrait,
pour donner, en une seule fois, au théâtre tout
le confortable nécessaire. C'est qu'en effet, une
restauration complète était bien désirable. L'intérieur de la salle n'avait pas été rafraîchi depuis

sa construction, c'est-à-dire que les peintures, les tentures, l'ameublement dataient de 1771, et se trouvaient dans un délabrement complet. De plus, au parterre, le public était encore obligé de rester debout pendant toute la représentation ; la salle était à peine éclairée par les chandelles de la rampe, les flambeaux des deux avant-scènes et un petit lustre fumeux et mesquin ; enfin, les loges de premières étaient dans un état de misère, qui cadrait, d'ailleurs, avec le reste du théâtre.

Aussitôt donc que les finances de la Ville le permirent, une commission municipale fut chargée d'examiner la question. Différents projets lui avaient été soumis ; elle les étudia et fut d'avis qu'on fît un parterre assis et qu'on apportât dans l'intérieur de la salle les améliorations que l'expérience et les progrès de l'art avaient rendues nécessaires pour la mettre en rapport avec les besoins de l'époque.

La Commission s'adressa alors à M. Arveuf, architecte du département de la Marne, qui habituellement résidait à Paris, et le pria de donner à l'architecte de la ville ses idées pour une meilleure disposition de la salle.

Des plans furent dressés et soumis à M. Arveuf, qui les approuva ; puis on fit un devis des

7

travaux, qui, y compris l'établissement du calorifère pour 2,000 francs, devaient s'élever
à .... 16.160 »

La peinture de la salle et le
renouvellement des décorations
étaient évalués à.............. 6.062 35

De sorte que la dépense totale
était estimée................. 22.222 35

Dans sa séance du 17 mars 1841, le Conseil
municipal approuvait cette dépense, et décidait
que la restauration de la salle des spectacles
serait exécutée en 1841, d'après les plans et
devis dressés par l'architecte de la Ville.

On se mit aussitôt à l'œuvre; mais comme,
d'un côté, les réparations à faire étaient beaucoup plus considérables qu'on ne l'avait cru, et
comme, d'un autre côté, les architectes sont tous
· les mêmes, à toutes les époques et dans toutes
les localités, c'est-à-dire qu'ils ne prévoient
jamais qu'une partie des travaux dans leurs
devis, les dépenses, au lieu de 22,000 francs,
menaçaient bientôt de s'élever à près de 40,000
francs.

Alors, le 5 novembre 1841, M. le Maire vint
exposer la situation au Conseil municipal, et lui

fit la communication suivante sur les travaux de restauration :

« MESSIEURS,

« Par délibération du 17 mars dernier, le conseil municipal a voté la restauration de la salle des spectacles, d'après des plans et devis, dont la dépense s'élevait à **22,222** fr. 35 c., savoir : 13,159 fr. 23 c. pour travaux à faire dans l'intérieur de la salle et au bâtiment ; 1,000 fr. 77 pour dépenses non prévues, telles que frais d'étayement et d'échafaudage, achat de toile neuve, établissement de mâts pour soutenir les coulisses, achat de cordeaux, poulies, etc. ; 2,000 francs pour l'établissement d'un calorifère ; et 6,062 francs 35 pour peinture de la salle et des décors.

« Les travaux dits de bâtiment ont été adjugés moyennant un rabais de neuf pour cent.

« Il a été reconnu qu'un calorifère auquel on aurait donné une grande dimension, n'offrirait pas les mêmes avantages que l'établissement de deux calorifères plus petits, placés, l'un sous le parterre, l'autre sous le théâtre, puisque, les jours de répétition, il n'est pas nécessaire que la salle soit entièrement chauffée ; il suffit que le théâtre le soit. Il y avait donc une grande économie pour le Directeur à ce que deux calorifères fussent établis. L'administration dû prendre ces motifs en considération, et, bien que la construction de deux calorifères dût ajouter à la dépense qui avait été prévue, elle n'a point hésité à faire ce qui était le plus convenable.

« La peinture de la salle et des décors était évaluée, d'après un devis présenté par le sieur Menissier, à la somme de 6,062 fr. 25 c.

« On a traité pour cette même somme avec le sieur Boulanger, élève de Ciceri, et l'on n'a qu'à s'applaudir de l'avoir employé. Ce qu'a fait jusqu'à présent le sieur Boulanger est très-bien, et ne laisse aucun doute sur la bonne exécution de ce qui reste à faire.

« Mais des circonstances non prévues se sont présentées, dès le commencement des travaux.

« On avait pensé qu'il suffirait de repeindre les anciens décors et qu'il s'en trouverait peu dont les toiles fussent mauvaises ; qu'ainsi il y aurait peu de dépenses à faire pour remplacer celles qui seraient reconnues défectueuses ; que, dans tous les cas, les anciens châssis pourraient tous être utilisés.

« On n'avait pas songé que les anciens décors, surtout ceux provenant d'un théâtre bourgeois, achetés en 1829, étaient d'une dimension trop petite pour notre théâtre dont l'ouverture se trouve augmentée de près de trois mètres, d'après les plans qui ont été adoptés par la commission départementale des bâtiments civils ; qu'il n'était pas possible de repeindre sur les anciennes toiles, à moins de vouloir faire un travail qu'il aurait fallu recommencer dans deux ou trois ans, puisque les peintures se seraient bientôt écaillées. On n'avait pas pensé que le système de décoration des théâtres est changé ; qu'aujourd'hui les salons sont fermés au lieu d'être par compartiments, et que, faisant une dépense qui ne doit pas se représenter de très-longtemps, il ne fallait pas que Châlons restât en arrière des autres villes.

« On a donc dû ordonner ce qui était le plus convenable.

« On aurait désiré pouvoir se rendre compte du surcroît de dépense que ces nouveaux travaux pourraient occasionner ; mais l'architecte de la ville qui n'avait jamais fait exécuter de semblables travaux, n'a pu donner un aperçu de la dépense qu'après qu'un certain nombre de décors a été terminé. Chaque jour voyait surgir de nouveaux besoins dont on ne pouvait apprécier l'importance ; les ouvriers eux-mêmes ne savaient pas ce qu'il fallait de matériaux et de temps pour leur exécution. On allait donc au jour le jour. Il a fallu s'entourer des conseils du directeur de la troupe qui doit exploiter notre théâtre, lequel, en ce moment, se trouvait à Epernay, et a consenti à se déplacer pour répondre à nos désirs. Il a fallu faire un voyage à Reims pour voir en détail l'établissement du théâtre et des différentes machines qui servent à la manœuvre des décorations. Enfin, d'une part, on était pressé par le temps, la salle devant être prête pour le 5 janvier, d'après l'itinéraire du Directeur privilégié, et, d'un autre côté, on n'était point édifié sur l'importance de la dépense qu'on ne connaissait

bien que lorsqu'une décoration était terminée ; en
sorte qu'il n'était pas possible de présenter rien de
positif au conseil municipal. Force fut donc de continuer les travaux, et ce n'est qu'aujourd'hui que la
dépense a pû être appréciée d'une manière à peu près
certaine.

« Je ne puis entrer ici dans le détail des dépenses
supplémentaires ; l'état que je dépose sur le bureau
fait connaître la nature et la nécessité de chacune
d'elles. Il fait connaître ce qui est terminé et ce qui
reste à faire. Les travaux de la première catégorie
s'élèvent à 6,333 fr. 54 c., déduction faite des 1,000
francs 77 c. qui ont été ajoutés au devis des travaux
à faire à la salle, pour dépenses imprévues. La dernière catégorie présente un chiffre de 8,779 fr. 02 c.
Ces deux états ont été soumis à une commission municipale, dans laquelle se trouvaient six de MM. vos
collègues, et ce n'est qu'après avoir pris l'avis de
cette commission, que je viens vous prier d'approuver
les travaux exécutés en dehors des prévisions, et
d'autoriser ceux qui restent à faire, les uns et les
autres étant d'une indispensable nécessité.

« Je ne me dissimule pas que, dans cette affaire,
les formes administratives n'ont pas été suivies et
qu'il eût été à désirer que je fusse à même de vous en
entretenir plus tôt ; mais je n'hésite pas à vous demander à cet égard un bill d'indemnité. Les motifs
que je viens de déduire vous ont fait connaître les
circonstances vraiment extraordinaires dans lesquelles

je me suis trouvé ; et ce bill, je le réclame avec d'autant plus d'assurance que je demeure convaincu que l'administration a fait tout ce qui était possible pour arriver à bien, et que d'autres à sa place auraient été contraints de faire de même.

« En résumé, si vous approuvez tous les travaux qui ont paru nécessaires à la commission municipale, la dépense de la restauration de la salle des spectacles qui était prévue pour **22,222** fr. 35 c., s'élèverait à **37,000** francs environ, en comprenant une somme de 919 fr. 42 c. pour parer aux plus faits dans les travaux de bâtiment proprement dits et autres dépenses non prévues. C'est donc 14,800 francs environ de plus que les prévisions ; mais vous aurez une salle et des décors qui ne laisseront rien à désirer.

La dépense de 37,000 francs se compose ainsi qu'il suit :

Montant de l'adjudication des travaux à faire dans l'intérieur de la salle et du bâtiment....   11.974 90

« Travaux compris dans le premier état dont une partie n'est pas encore exécutée.................................   9.186 01

« Travaux à faire, détaillés au deuxième état, dorure   1.124 50

« Équipement du cintre et du théâtre, machines pour la manœuvre des décors.....   3.000 »

A reporter.......   4.124 50   21.160 91

Report......	4.124 50	21.160 91
« Décors accessoires....	2.034 82	
« Décoration du foyer...	700 »	
	6.859 32	6.859 32

« Traité avec M. Boulanger pour la peinture des décors portés au devis.... 6.060 35

« Etablissement de calorifères. Le supplément de dépense est compris dans l'état N° 1er .... 2 000 »

36.080 58

somme à valoir pour plus faits possibles dans les travaux de bâtiments proprement dits et autres dépenses non prévues............................ 919 42

37.000 »

Le vin était tiré, il fallait le boire. Le Conseil municipal, malgré la contrariété qu'il dut éprouver à payer une carte supplémentaire de 15,000 francs, était satisfait des travaux exécutés et il se résigna d'assez bonne grâce. Aussi, après avoir entendu, le 10 novembre, le rapport de sa commission, composée de MM. Godard, Salle, Arnoult, Barbat et Mosnier, il prenait la délibération suivante :

« Le Conseil municipal,

« Ouï ledit rapport ;

« Considérant que les travaux exécutés et ceux qui restent à faire, suivant l'état remis par M. le Maire, étaient indispensables ;

« Approuve les travaux exécutés et autorise ceux non encore terminés, pour être exécutés par économie ;

« Alloue pour couvrir ces dépenses une somme de quatorze mille huit cents francs (14,800 fr.), en sus de celle de 22,222 fr. 35, votée par délibération du 17 mars dernier ;

« Arrête que le lustre servant à l'éclairage de la salle sera remplacé ;

« Alloue à cet effet une somme de mille francs ;

« Arrête, en outre, qu'il sera construit, sur la place de la Comédie pour les besoins du service de la salle des spectacles, un bâtiment attenant à la façade, dont le devis sera soumis au conseil dans une séance postérieure ; mais il est bien entendu que l'érection de ce bâtiment est subordonnée à l'admission, par le conseil, du devis qui sera présenté ;

« Arrête enfin, qu'une somme de neuf mille francs, à compte sur la dépense totale de la restauration de la salle des spectacles, sera créditée au budget supplémentaire de 1841, et que le restant de la dépense sera porté au budget de 1842. »

Les travaux continuèrent alors activement ;

néanmoins ils ne purent être terminés pour le
5 janvier 1842, et c'est seulement le 16 avril
qu'eut lieu la réouverture de la salle de spectacle.

Ce jour-là fit époque. On représenta au théâtre
une pièce du crû : *le Nouveau Bonardin, ou
Retour d'un voyage dans la lune.* Cette pièce-
féerie en deux actes et six tableaux, avec prolo-
gue et de nombreux couplets, avait pour auteur
M. Félix Leroy. La musique avait été, en grande
partie, composée par M. Jules Le Roy. La soirée
d'ouverture fut pour Châlons une véritable fête.

Le chroniqueur du *Journal de la Marne*, rendant compte de cet évènement local, et parlant
de la décoration intérieure, s'exprimait ainsi :

«... Et puisque nous en sommes sur les décors,
admirons-les un moment ; ils en valent la peine.

« Avez-vous remarqué ce délicieux plafond, où ces
quatre belles muses frissonnent, demi-nues sous leurs
robes de gaze ; ces guirlandes des loges, cette place
publique, dont la perspective est si habilement ména-
gée ; cette forêt, ce hameau surtout ? Quelle harmo-
nie de détails ! Quelle poétique originalité ! Quelle
pureté de conception ! Quel talent dans le pinceau de
M. Boulanger !

« Le public a rendu pleine justice à M. Boulanger,
le peintre, comme à M. Perrin, l'architecte. »

Et cependant il ne semble pas que le plaisir d'avoir une belle salle de spectacle ait beaucoup aiguillonné la curiosité publique ; car, trois jours après, le même journal s'exprimait ainsi :

« Malgré la saison propice aux représentations dramatiques, malgré l'aspect gracieux que présente notre salle de spectacle, grâce au pinceau, un peu fée, je crois, de M. Boulanger, le public est lent à venir. C'est pourtant un grand bonheur pour Châlons que d'être tombé en si bonnes mains que celles de cet élève du célèbre Ciceri, et nous pensions que la foule s'empresserait, pendant plusieurs jours au moins, de payer au talent de M. Boulanger l'un des plus doux tributs pour un artiste : la contemplation de son œuvre. Il n'en est rien, pourtant. Il reste au parterre bien des bancs inoccupés, et les premières offrent aussi des vides effrayants. Car le spectacle est bien froid quand la salle présente des lacunes aussi considérables. On désirait des acteurs ; on se plaignait de leur absence ; ils viennent, et leur voix retentit presque dans le désert. »

Après cette restauration fort importante, au point de vue de la décoration comme à celui du confortable, le théâtre de Châlons fut exploité régulièrement par un directeur qui avait le privilège de Châlons, de Charleville, de Sedan et

de certaines villes du rayon. De plus il faisait
encore certaines excursions; par exemple, la
troupe de Châlons, pendant sa saison, allait, une
fois par semaine, en représentation à Epernay
et une fois à Vitry.

De 1842 à 1869, les directeurs de théâtre de
Châlons paraissent sinon s'être enrichis, du
moins avoir trouvé, dans l'exploitation de la
salle, une rémunération convenable.

Pendant cet intervalle, nous voyons seulement qu'en 1847, des habitants de Châlons
avaient demandé qu'il fût établi un plancher
mobile, pour pouvoir donner des bals à la salle
de spectacle ; mais le conseil municipal, « considérant que l'état des finances de la commune,
par suite des nombreux sacrifices qu'elle a dû
faire en raison de la cherté des grains et des
autres denrées de première nécessité ne permettait pas d'entreprendre une semblable dépense, considérant aussi que des bals masqués
donnés à la salle de spectacle qui avait été restaurée peu d'années avant, aurait pour résultat
certain de nuire à la fraîcheur des peintures,
décidait qu'il ne pouvait faire droit à la pétition.

Cependant, le 10 mars 1848, semblable pétition ayant été de nouveau présentée, avec cette

raison : que l'on désirait donner des bals masqués au profit des blessés des journées de
Février, le conseil municipal la prenait cette fois
en considération et chargeait M. le maire de faire
un devis sur lequel il serait délibéré dans une
séance ultérieure.

Mais il faut croire que les évènements politiques empêchèrent, pendant quelques années,
de songer à l'établissement du plancher mobile ;
car c'est seulement le 7 février 1854 que le
conseil municipal vota un crédit de 1,400 francs
pour cet objet, en reconnaissant que cette dépense une fois faite pouvait être utile à la ville,
en cas d'insuffisance du grand salon de l'Hôtel-
de-Ville, pour des réunions ou des bals.

En 1859, la salle, restaurée depuis dix-huit
ans déjà, avait besoin de nombreuses réparations. Quatre mille francs furent votés pour les
exécuter. Les fenêtres étaient en parties pour-
ries ; les peintures extérieures étaient usées ;
les plâtres et les crépis des façades étaient
dégradés ; les perrons étaient disloqués ; tous
ces travaux urgents furent entrepris. Puis on
répara les planchers des couloirs ; on rajusta les
portes des loges ; on posa des plinthes le long
des murs ; on substitua des chaises convenables
aux banquettes des premières loges ; on amena

dans la disposition des stalles d'orchestre un changement qui permit de s'y asseoir plus commodément, etc.

Nous avons dit que jusqu'en 1869, la situation des directeurs, à Châlons, paraissait assez florissante. Mais, à cette époque, c'est-à-dire bientôt après la proclamation de la liberté des théâtres, la Ville éprouva des difficultés avec un directeur, du nom de Bourgeois, dit Montaigu.

M. Montaigu avait succédé à M. Dupontavisse. Sous sa direction, le théâtre ne fit pas de brillantes affaires, de sorte que, à la fin d'août 1869, M. Montaigu donnait sa démission, en alléguant l'insuffisance de sa position pécuniaire et son mauvais état de santé. Mais comme il existait entre la ville et M. Montaigu un engagement jusqu'en avril 1870, l'administration municipale poursuivit, devant le tribunal de commerce, le directeur, afin de le forcer à exécuter ses engagements, ou à payer à la Ville un dédit. Le tribunal condamna M. Montaigu à donner une indemnité de 500 francs, indemnité que le Conseil municipal, agissant avec bienveillance, réduisit à 300 francs.

Mais cette indemnité ne remplaçait ni un directeur, ni une troupe. Pendant ce temps, la saison s'avançait ; les acteurs étaient presque tous engagés ; le recrutement d'une troupe devenait plus difficile et, par conséquent, plus onéreux ; de plus, la ville d'Epernay desservie par la troupe de Châlons, venait d'obtenir le concours régulier de la troupe de Reims : ce qui diminuait encore les chances de recettes pour un directeur. De sorte que la municipalité était obligée non d'imposer ses conditions, mais de subir certaines exigences.

Elle s'adressa à deux directeurs : l'un proposait de venir s'établir à Châlons avec une troupe sédentaire ; l'autre résidant à Paris, ne disposait que d'artistes inoccupés et ne voulait s'engager à desservir le théâtre, qu'en faisant à des époques indéterminées des excursions plus ou moins longues.

Comme tous deux demandaient à peu près la même subvention, c'est-à-dire l'exonération des frais de salle, soit environ 140 francs par soirée, l'administration, obligée de consentir à ce sacrifice, préféra, à prix égal, une troupe sédentaire.

Le directeur qu'elle choisit fut M. Vial, artiste dramatique, qui avait fait partie de la troupe de M. Firmin Bizet, son beau-père, un des anciens directeurs du théâtre de Châlons.

Le 8 novembre 1869, la Ville passait le traité suivant avec le nouveau directeur :

Entre les soussignés,

M. Eugène Perrier, maire de la ville de Châlons, agissant en vertu d'une délibération prise par le conseil municipal, le vendredi cinq novembre 1869, d'une part ;

Et M. Eugène Vial, artiste dramatique, demeurant à Paris, rue Magnan, N° 7, lequel, pour le présent acte, fait élection de domicile à Châlons-sur-Marne, d'autre part :

A été convenu ce qui suit :

Art. 1er. — M. le maire concède à M. Vial, susqualifié, la direction du théâtre de Châlons, pour une période de cinq mois consécutifs et sans interruption à partir du 20 novembre 1869 jusqu'au 20 avril 1870.

Art. 2. — Le répertoire de la troupe comprendra : le drame, la comédie, le vaudeville et l'opérette.

Art. 3. — Le directeur sera tenu de donner six représentations au moins par mois, c'est-à-dire chaque dimanche et le jeudi, de quinzaine en quinzaine ; mais il lui sera permis de jouer tous les jeudis, s'il y trouve un avantage.

Art. 4. — La Société philharmonique conservera le droit de donner un concert ou deux pendant la durée de la présente concession, sous la condition toutefois que ces concerts n'auront lieu ni le jeudi ni le dimanche.

Art. 5. — Les frais d'affiches et de programmes, d'orchestre, d'éclairage, de chauffage, les droits des pauvres, des auteurs et toutes les dépenses quelles qu'elles soient, afférentes aux répétitions ou aux représentations, seront entièrement à la charge du directeur.

Art. 6. — Le maire, de son côté, s'engage au nom de la Ville, à payer à M. Vial, à titre de subvention, une somme de six cents francs par mois. Cette somme sera payée par mois échu.

Art. 7. — Pendant la durée de la concession, M. Vial et les artistes dramatiques composant sa troupe, auront leur domicile établi à Châlons.

Art. 8. — Le maire pourra prononcer le renvoi des artistes qui, en raison de leur faiblesse, ou pour toute autre cause, n'auraient point obtenu la sympathie du public.

Art. 9. — M. Vial devra déférer en toute circonstances aux observations ou aux injonctions qui lui seront faites par voie administrative, en ce qui concerne le service du théâtre, et notamment l'éclairage, le chauffage et tous les détails dont la responsabilité lui incombe.

Art. 10. — Le maire se réserve le droit, sans que le directeur puisse réclamer une indemnité quelconque, de disposer du théâtre pour un concert une fois au besoin dans le courant de la concession, en faveur d'artistes en passage à Châlons. — Cette autorisation ne pourra être accordée ni le dimanche ni le jeudi.

8

ART. 11. — Dans le cas où le directeur ne se conformerait pas strictement aux clauses et conditions sus-énoncées, le présent traité serait résilié de plein droit, et l'administration municipale conserverait, à titre de dommages-intérêts le montant de la subvention mensuelle qui n'aurait pas encore été payée.

ART. 12. — Le directeur jouira de la faculté de donner sur le théâtre des bals masqués ou des concerts, pendant toute la durée de son séjour à Châlons.

Fait double à Châlons, le 8 novembre 1879.

Signé : Eug. PERRIER.

Ce traité n'était valable que pour une année, et, l'année suivante, il n'avait, hélas! pas besoin d'être renouvelé. Le théâtre, c'était l'Est, le Nord et l'Ouest de la France ; et les drames les plus lugubres se jouaient, chaque jour, sur les champs de bataille.

Pendant l'occupation étrangère, le théâtre de Châlons fut naturellement fermé. Cependant l'autorité prussienne réquisitionna deux fois le théâtre, pour y faire jouer des comédiens allemands. Inutile d'ajouter que les soldats de l'invasion seuls assistèrent à ces représentations.

Le lendemain du départ des troupes allemandes, c'est-à-dire le 9 novembre 1872, eut lieu la réouverture du théâtre.

Préalablement la ville s'était entendue avec

M. Vial, qui n'avait demandé qu'une subvention de deux mille francs, pour la saison, à la condition que les deux rangs de fauteuils fussent portés à cinq, et que le prix des places des premières et des secondes fût augmenté de 25 centimes.

Pressé par le temps, le Conseil municipal avait souscrit à ces conditions pour la saison 1872-73 seulement ; mais il avait confié à une commission, composée de MM. Valser, Deullin et Rogé, le soin de préparer un traité complet, puis de présenter un rapport sur les améliorations qu'il serait possible d'apporter à l'aménagement de la salle, ainsi que sur les réparations les plus urgentes que son état actuel nécessitait.

Cette commission s'acquitta consciencieusement de sa tâche, et, le 25 avril 1873, M. Valser présentait au conseil le travail très-substantiel que voici :

MESSIEURS,

M. Vial, directeur du théâtre à Châlons, a adressé à l'administration municipale une demande tendant à lui faire accorder la direction de notre théâtre pour une période trois années, aux mêmes conditions qui avaient été acceptées en 1870. Cette demande a été renvoyée à une commission qui· a l'honneur de soumettre au conseil municipal l'étude qu'elle a faite de la question.

Choix du Directeur.

Le premier point à examiner, est de savoir si nous devons conserver à M. Vial, la direction du théâtre. Sans doute sa troupe n'a pas toujours donné toute satisfaction, mais il faut reconnaître que nommé très-tardivement à la direction du théâtre, il a eu beaucoup de peine à la réunir, et que si quelques emplois ont été tenus d'une manière insuffisante, d'autres au contraire, l'étaient de manière à donner satisfaction aux amateurs, même difficiles. Une preuve d'ailleurs que le public n'était pas trop mécontent ; c'est qu'il a fréquenté plus que jamais notre salle de spectacle. Votre commission pense donc qu'il y a lieu de continuer à confier à M. Vial, la direction du théâtre.

Durée de la concession.

La saison théâtrale qui vient de s'écouler, et qui n'a commencée qu'en novembre 1872, devait finir comme d'habitude au dimanche de *Lætare*; cependant, une autre clause, qui a semblé à votre commission en désaccord avec ce terme habituel, stipule en faveur de M. Vial, une somme de cinquante francs par chaque représentation donnée pendant l'été, par d'autres artistes. Cette faveur accordée à M. Vial est évidemment en contradiction avec la fixation du terme de la concession au dimanche *Lætare*. Si nous insistons sur cette contradiction, qui se trouve reproduite en 1870 et en 1872, c'est qu'elle nous met dans un certain embarras.

Le théâtre se trouve par le fait concédé pour un an à M. Vial, contrairement à l'usage, et termine l'année théâtrale le dimanche *Lœtare*, usage accepté généralement et qui avait servi de règle dans les traités précédents. M. Vial se trouve donc, à l'heure présente, possesseur privilégié de notre théâtre jusqu'en novembre prochain, et, à cette époque, il nous serait difficile de trouver une autre troupe dans de bonnes conditions. Il y a eu là évidemment un malentendu, mais qui sera sans conséquence, si le conseil veut bien adopter les conclusions que la commission va lui soumettre, quant à la durée de la concession demandée par M. Vial.

Un terme de trois ans, peut, en effet, offrir des avantages en permettant au directeur de mieux recruter sa troupe, de faire des frais d'installation plus considérables, de monter des pièces nouvelles, etc. Il se trouverait, en un mot, dans les conditions d'un fermier à long bail, qui a tout intérêt à soigner la terre qui lui est confiée, parce qu'elle est pour longtemps entre ses mains. Cependant la Ville ne doit pas rester désarmée, en face d'un directeur qui pourrait manquer de bon vouloir ou d'intelligence dans l'exploitation du privilège qui lui serait accordé. Nous vous proposons donc de concéder le théâtre pour trois ans à M. Vial, cette concession étant résiliable tous les ans au gré de la ville, si elle n'est pas contente de la ges-

on du directeur. La première année courrait du
1er juillet 1873 au 1er juillet 1874.

Subvention.

En ce qui regarde le chiffre de la subvention, il
était fixé à 3,000 fr. en 1870. Votre commission pense
qu'en raison des travaux d'appropriation, faits dans la
salle, travaux qui rendent la fréquentation plus agréable ; en raison de la création de trois rangs de *stalles
d'orchestre*, et de l'augmentation du prix de toutes
les places, il y a lieu de maintenir à 2,000 francs seulement comme en 1872, la subvention annuelle, et en
stipulant que toute subvention cesserait d'être allouée,
le jour où l'exploitation du théâtre d'Epernay serait
rentrée entre les mains du directeur de Châlons.

Composition de la troupe.

La composition de la troupe a aussi besoin d'être
fixée.

Nous avons vu dans les traités antérieurs stipuler
qu'elle jouerait le drame, la comédie, le vaudeville et
l'opérette. Cette dernière condition est difficile à rem-
plir ; il est presque impossible d'avoir une troupe
mixte, apte à jouer la comédie et à chanter l'opérette ;
aussi, pensons-nous qu'il serait préférable de ne
demander à la troupe d'hiver que le drame, la comédie et le vaudeville ; la série des représentations de
cette troupe commencerait en septembre pour finir le
dimanche *Lælare*. Pendant ce temps, elle serait tenue
de jouer tous les dimanches et un jeudi sur deux,

avec autorisation de jouer tous les jeudis si le directeur le trouve convenable.

Outre cette troupe d'hiver, M. Vial serait tenu de produire au printemps une troupe d'opéra-comique et d'opérette, qui viendrait pendant six semaines donner neuf représentations avec la même faculté de les porter à douze, en jouant tous les jeudis, si le directeur le trouve avantageux. Pour assurer l'exécution de cette clause, mille francs de la subvention seraient payés pendant la saison d'hiver, et les mille autres francs seulement à la fin de cette saison d'opéra-comique et d'opérette.

Privilège de la salle.

Moyennant ces conditions, toute représentation donnée au théâtre pendant l'année, donnerait à M. Vial, le droit de percevoir une indemnité dont la quotité serait fixée de gré à gré entre lui et les personnes qui voudront se servir de la salle, mais sans que cette indemnité puisse jamais dépasser cent cinquante francs par soirée. Dans les mois de l'année où la troupe de M. Vial n'occupe pas le théâtre, le chiffre de ce droit serait abaissé à cinquante francs, à moins qu'il ne s'agisse d'une série de plus de deux représentations ; dans ce cas, il devrait y avoir une entente de gré à gré avec le directeur privilégié aux conditions stipulées pour le temps où il est présent.

Seraient exempts de tous droits, les concerts donnés au profit d'une œuvre de bienfaisance, et les soirées musicales de la Société philharmonique, la Ville se réservant, en outre, pour toute l'année, la libre et gratuite disposition de la salle pour des conférences et autres réunions publiques du même genre, bien entendu, sans empiéter sur les jours réservés au directeur du théâtre.

Enfin, Messieurs, pour remédier à un inconvénient qui s'est produit trop souvent cette année, où l'on a vu les spectateurs retenus jusqu'à deux heures du matin, nous vous proposons de fixer l'heure à minuit comme limite extrême de la durée du spectacle, une amende de 50 francs devant punir toute infraction à cette règle.

En résumé, Messieurs, votre commission vous propose d'adopter les conclusions suivantes, sauf à les faire adopter par M. Vial.

1° Le privilège du théâtre est concédé à M. Vial pour trois années, à partir du 1er juillet 1873, cette concession est révocable tous les ans au 1er juillet. si la Ville n'est pas satisfaite de la manière dont M. Vial exécute ses engagements.

2° L'année théâtrale sera divisée en deux saisons : La saison d'hiver commencera au mois de septembre jusqu'au dimanche *Lætare*; pendant cette saison, le répertoire sera composé de drames, comédies et vaudevilles. La saison du printemps sera de six semaines pendant lesquelles le théâtre sera occupé par une troupe d'opéra-comique et d'opérettes; elle devra être terminée avant le 1er juillet. Pendant ces deux saisons, M. Vial devra donner une représentation tous

les dimanches et une un jeudi sur deux, avec faculté
de jouer tous les jeudis s'il le trouve avantageux.

3° Une subvention annuelle de deux mille francs
sera allouée à M. Vial, payable moitié pendant la saison d'hiver, et moitié à la fin des six semaines d'opéra-
comique.

4° M. Vial aura le droit de percevoir de toute personne voulant se servir du théâtre, pour une représentation payante, pendant sa présence à Châlons, une
indemnité dont la quotité sera fixée de gré à gré entre
lui et cette personne, mais ne pouvant excéder cent
cinquante francs par soirée.

Dans les mois où M. Vial n'occupera pas le théâtre,
le chiffre de ce droit sera fixé à cinquante francs. La
Ville se réserve pour toute l'année la libre et gratuite
disposition de la salle pour des conférences, et autres
réunions publiques, ainsi que pour les concerts au
profit d'œuvres de bienfaisance et les soirées musicales de la Société philharmonique.

5° Les représentations devront toujours être termi-
nées à minuit ; toute infraction à cette règle sera punie
d'une amende de cinquante francs.

Le traité fut accepté par M. Vial, et, pendant
l'été, des travaux d'appropriation, pour une
somme de 5,000 francs, furent exécutés dans la
salle ; mais la campagne ne paraît pas avoir été
fructueuse, car, avant la fin de la saison d'opéra-comique, en 1874, M. Vial se plaignait et

donnait la preuve d'un déficit assez considérable. Pour lui permettre de terminer la saison
d'été, le conseil municipal consentit à rétablir
la subvention au chiffre de 3000 francs.

L'année suivante, nouvelle détresse. La troupe
n'avait aucune cohésion; le talent des artistes
était très-rare, et les représentations de pièces
démodées offraient peu d'intérêt. Le public alla
peu au théâtre, et la saison d'hiver n'était pas
close que M. Vial venait solliciter le paiement
anticipé de sa subvention d'été. Cette fois, le
conseil municipal refusa de prendre la demande
en considération, et M. Vial, sentant bien que
son rôle était fini à Châlons, dut donner sa
démission.

Pendant cette saison, l'administration municipale, ayant recueilli, de tous côtés, les reproches qui s'adressaient à la direction, résolut de
s'entourer d'hommes compétents qui pussent
la renseigner exactement sur la situation du
théâtre.

En conséquence, M. le maire prenait les arrêtés suivants:

Nous, maire de la ville de Châlons-sur-Marne,
Vu la loi des 16 et 24 août 1790;
Vu la loi du 21 frimaire an xiv;

Vu la loi du 18 juillet 1837 ;

Considérant que si la ville de Châlons s'impose des sacrifices pour entretenir le théâtre et subventionner une troupe d'artistes, il importe que la population trouve la compensation de ces dépenses dans la satisfaction qu'elle a le droit d'attendre de cette distraction, tant sous le rapport intellectuel et moral que sous le rapport matériel ;

Considérant qu'il est indispensable que l'administration municipale soit toujours parfaitement renseignée sur toutes les questions qui intéressent le théâtre et qu'elle soit secondée dans la surveillance de cet établissement ;

ARRÊTONS :

ART. 1er. — Il est institué à Châlons une commission chargée d'éclairer l'administration municipale sur les diverses questions qui concernent le théâtre,

ART. 2. — § 1. Cette commission aura la surveillance de toutes les parties du théâtre, même pendant les représentations et les répétitions.

§ 2. Elle établira, parmi ses membres, un roulement pour donner à chacun d'eux une partie de cette surveillance.

§ 3. Elle sera consultée sur tous les projets de travaux ou réparations à exécuter soit sur la scène et ses dépendances soit dans l'intérieur et aux abords de la salle.

§ 4. Elle sera chargée, pendant les représentations

et débuts, de statuer sur l'admission ou le rejet des artistes.

Art. 3. — La commission donnera son avis sur les projets de traités à contracter avec les directeurs ou sur l'interprétation des traités en cours d'exécution.

A la fin de chaque année théâtrale, elle adressera à l'administration municipale un rapport sur la manière dont le directeur aura rempli ses engagements, et elle signalera les points sur lesquels devra être appelée l'attention de l'administration municipale.

Art. 4. — La commission sera réunie sous la présidence du maire ou d'un adjoint. Elle nommera dans son sein un secrétaire pour rédiger les procès-verbaux de ses séances.

Châlons, le 29 janvier 1875.

Le conseiller municipal faisant
fonctions de maire,
Hippolyte FAURE.

———

Nous, membre du Conseil municipal, faisant fonctions de maire,

Vu notre arrêté du 29 janvier dernier;

Sont nommés membres de la commission du théâtre :

MM. Batier, conseiller municipal,
    Cornet-Oudart, négociant,
    Cuinat, capitaine en retraite,
    Deutch, membre du conseil municipal,
    Dommanget, propriétaire,

MM. Rogé père, conseiller municipal,
      Trifard, secrétaire en chef de la mairie,
      Vagny, architecte municipal.

Les membres de la commission entreront en fonctions le jour même de leur nomination.

Fait à Châlons, le 5 février 1875,

> *Le conseiller municipal faisant*
> *fonctions de maire,*
> HIPPOLYTE FAURE.

L'administration municipale, en nommant une commission du théâtre, avait agi très-sagement, et l'on ne peut qu'applaudir à cet arrêté, qui réglait d'une manière fort intelligente les attributions des membres de cette commission. Il est certain qu'elle devait être un excellent auxiliaire aussi bien pour la municipalité, qu'elle avait pour mission de tenir constamment au courant des besoins du théâtre, que pour le progrès artistique dans notre ville.

Malheureusement cette commission ne rendit que d'insignifiants services, parce qu'elle ne fut qu'exceptionnellement appelée à fonctionner. Toutes les prescriptions qui précèdent restèrent sur le papier, à l'état de lettre morte. Nous avons entendu dire — (entendu dire seulement, car il nous a été impossible de découvrir l'un de ces rapports annuels auxquels elle

était tenue, ou même un procès-verbal de
séance) — que la commission du théâtre s'était
réunie une fois pour délibérer sur la question
d'admission des jeunes personnes du quart de
monde aux premières et aux fauteuils, et qu'à
la majorité elle avait pensé qu'il n'y avait
aucun inconvénient à laisser s'étaler, auprès
des femmes honnêtes, ces filles de joie qui,
grâce à un expédient, peuvent échapper aux
rigueurs de la police sanitaire.

Nous avons appris encore qu'une fois le mi-
nistère des beaux-arts lui avait demandé un avis
sur la question de liberté du théâtre. Et c'est
tout. Il est vrai que dans plusieurs arrêtés nous
voyons que la commission a été consultée
par l'administration ; mais, nous le répétons, la
commission n'a pas d'archives, et nous n'avons
pu nous procurer aucun dossier qui nous per-
mît de nous rendre compte de ses travaux.

Nous regrettons donc vivement, pour notre
part, que la commission ait eu, jusqu'à présent
un rôle aussi effacé. Cependant, nous devons à
la vérité de dire que dans la saison théâtrale qui
vient de s'écouler (1881-82) la commission du
théâtre a donné signe de vie et pris deux déci-
sions assez importantes que nous n'avons pas à
apprécier. Le vœu que nous formulons, c'est

qu'elle soit sans cesse préoccupée de sa tâche,
qu'elle contrôle les représentations, examine le
talent des artistes, encourage les efforts du
directeur, le guide, le pousse vers un but pure-
ment artistique, et le maintienne dans les limites du traité, enfin mette tout en œuvre pour
que les sacrifices que s'impose la ville puissent
surtout servir à l'éducation intellectuelle et
morale de la population.

L'importance d'une commission théâtrale doit
être, à notre avis, très-considérable et très-marquée au point de vue de l'art. Aussi devons-nous
souhaiter que son action soit désormais visible
et efficace.

La direction du théâtre de Châlons était donc
vacante, par suite de la démission de M. Vial.
L'administration municipale de Châlons ayant
demandé l'avis de la commission théâtrale, et
après entente préalable avec l'administration
municipale d'Epernay, dont les intérêts en cette
occasion étaient communs avec ceux de notre
ville, arrêta son choix sur M. Fauve, régisseur
général du théâtre lyrique dramatique de Paris.

Ce choix fut agréé par le conseil municipal de
Châlons, et il fut passé avec M. Fauve un traité

de trois ans, à partir du 1er juillet 1875. Mais M. Fauve présenta sur la scène une troupe tellement insuffisante que la direction lui fut retirée en 1876.

Ce fut M. Rochette, qui brigua et obtint la succession de M. Fauve. M. Rochette était un artiste dramatique, qui appartenait à la troupe de Versailles, pendant la saison d'hiver, et qui, pendant l'été, dirigeait le théâtre de Luxeuil.

Le 17 mars 1876, M. le maire, autorisé par le conseil municipal, passa avec M. Rochette, un traité que nous reproduisons, car c'est celui qui est encore en vigueur aujourdhui :

Nous, Maire de la ville de Châlons,

Vu la délibération du Conseil municipal du 10 mai 1875 ;

Vu les lois des 16 et 24 août 1790 (titre XI, art. 3 et 4) ;

Vu les lois des 19 et 22 juillet 1791 (titre premier art. 46) ;

Vu la loi du 19 janvier 1791 ;

Vu le décret impérial du 8 juin 1806 ;

Vu l'ordonnance royale du 8 décembre 1824 ;

Vu les articles 9, 10, 11 et 12 de la loi du 18 janvier 1837 ;

Vu la loi du 6 janvier 1864 ;

ARRÊTONS :

ART. 1er. — Le directeur du théâtre de Châlons, est nommé pour trois années consécutives.

ART. 2. — L'année théâtrale est divisée en deux saisons :

La saison d'hiver commencera du 15 au 30 septembre et finira le dimanche *Lætare*.

Pendant cette période, le répertoire sera composé de drames, comédies, vaudevilles et opérettes.

La saison de printemps sera de six semaines au moins, pendant lesquelles le directeur ne pourra jouer que l'opéra, l'opéra-comique, ou la grande opérette. Elle devra être terminée avant le 1er juillet.

ART. 3. — Pendant ces deux saisons, le directeur devra donner une représentation chaque dimanche et une un jeudi sur deux, avec faculté de jouer plus souvent dans la semaine, s'il y trouvait un avantage.

ART. 4. — Le prix des places est fixé ainsi qu'il suit :

Premières et fauteuils........ 2 50
Stalles .... 2 »
Secondes 1 25
Parterre 1 25

Le directeur ne pourra, en aucun cas, même pour une représentation extraordinaire, augmenter le prix des places, sans en avoir obtenu l'autorisation par écrit du Maire.

Quoique le prix des places soit le même pour le parterre que pour les secondes, les billets d'entrée

9

devront être distincts, et le directeur ne pourra pas obliger les personnes, qui ne trouveraient pas à se placer au parterre, à monter aux secondes.

Art. 5. — Le directeur jouira des droits de créer des abonnements, dont il fixera le prix et la durée.

Art. 6. — Le directeur sera tenu de réserver, pour M. le Général commandant le 6ᵉ corps, la loge d'avant-scène de gauche; pour M. le Préfet, la loge d'avant-scène de droite, et, pour Messieurs le Maire et les Adjoints, la loge n° 3 (côté gauche).

Les places seront payées au prix du tarif ou par abonnement, suivant les conventions qui seront faites entre les fonctionnaires sus-désignés et le directeur.

Les loges devront toujours être à leur disposition jusqu'à l'heure fixée pour le lever du rideau. A ce moment, si aucun avis contraire n'est parvenu au directeur, les loges vacantes pourront être ouvertes au public.

Art. 7. — Une place gratuite dans une loge de premières sera toujours réservée à M. le commissaire de police.

Art. 8. — Le directeur recevra une subvention de trois mille francs, dont deux mille sont attribués à la saison d'hiver et mille à la saison de printemps.

La subvention sera payée en trois termes, savoir:

1.000 francs le 15 octobre.

1.000 francs le 15 janvier.

1.000 francs trois semaines après l'ouverture de la saison d'opéra.

Art. 9. — Dans le courant du mois de septembre, le directeur devra déposer à la mairie :

1° Le tableau complet de sa troupe ; 2° le répertoire des pièces qu'il se propose de faire jouer dans le cours de son exploitation.

Il ne pourra représenter, sans aucune autorisation spéciale, aucune pièce qui ne figurerait pas dans son répertoire.

Art. 10. — Le programme de chaque représentation sera soumis à l'approbation du maire, avant qu'aucun exemplaire soit affiché ou distribué en ville.

Le directeur, lorsqu'il en sera requis, devra remettre à l'administration un exemplaire de tout ouvrage inscrit à son programme. Cet exemplaire lui sera rendu, après qu'il en aura été pris connaissance.

Art. 11. — Dans le cas où il négligerait ou refuserait de se conformer strictement aux dispositions des articles précédents nos 4, 5, 6, 7, 8, 9 et 10, il encourra, par chaque contravention une retenue de cinquante francs, qui sera prélevée sur le montant de la subvention municipale, indépendamment de l'interdiction de la représentation, qui sera prononcée, s'il y a lieu.

Art. 12. — Le spectacle devra commencer à l'heure indiquée et être terminé à minuit au plus tard, à moins d'une autorisation spéciale délivrée par M. le Maire.

Les contraventions seront constatées par procès-verbal et poursuivies devant le tribunal de simple police.

ART. 13. — Le directeur aura la jouissance gratuite de la salle ; tous les frais concernant l'exploitation du théâtre seront à sa charge et notamment l'éclairage. Dans les frais relatifs à l'éclairage, sont compris l'allumage et l'extinction des becs, leur entretien, les menues réparations du matériel, le renouvellement et le nettoyage des verres.

ART. 14. — Il sera responsable de toutes les dégradations et détériorations qui pourrraient survenir au matériel du théâtre, soit par son fait, soit par celui des personnes employées à son service, et ce sans préjudice à la responsabilité du concierge.

ART. 15. — Il sera tenu d'avoir un personnei suffisant pour que le service puisse se faire promptement et sans difficulté. Il devra, à cet effet, se conformer aux prescriptions de l'administration.

ART. 16. — Il devra veiller rigoureusement à la bonne tenue et à la conduite de ses artistes.

ART. 17. — Le directeur sera tenu sur l'injonction que lui en fera le Maire par écrit, de renvoyer tout artiste, qui, après ses débuts, serait signalé par la commission du théâtre comme étant incapable de tenir son emploi.

Les débuts seront échelonnés dans le courant d'un mois et comprendront, par chaque artiste, trois représentations au moins, pendant lesquelles il devra jouer des rôles de l'emploi qui lui est assigné dans le tableau de la troupe.

Le Maire se réserve en outre le droit d'exiger, même

après les débuts, et pendant toute la durée de l'exploitation théâtrale, le renvoi immédiat de tout artiste que sa mauvaise conduite rendrait indigne de rester dans la troupe.

ART. 18. — Le directeur jouira du privilège de donner au théâtre des bals masqués ou des concerts pendant la durée de son exploitation; cependant il devra se pourvoir d'une autorisation spéciale du Maire.

ART. 19. — L'administration se réserve le droit, pendant ce laps de temps et sans que le directeur puisse réclamer une indemnité quelconque, de disposer du théâtre, soit pour les concerts de la Société Philharmonique, soit pour toute autre fête ayant un caractère essentiellement municipal, ou qui serait donnée au profit du bureau de bienfaisance, ainsi que pour les conférences et autres réunions publiques.

L'occupation de la salle dans ces conditions ne pourra jamais avoir lieu le dimanche et sera restreinte dans des limites telles que le directeur ne puisse en subir aucun dommage.

ART. 20. — En dehors de l'occupation gratuite du théâtre par la municipalité, telle qu'elle est déterminée par l'article 19, toute personne, autorisée à se servir de la salle pour une représentation quelconque, devra payer au directeur une indemnité dont le chiffre sera établi par lui.

En cas de désaccord, le maire pourra autoriser la représentation en fixant la part du directeur qui ne pourra jamais être inférieure au sixième de la recette brute.

ART. 21. — Dans les mois où le directeur n'occupera pas le théâtre, cette indemnité est fixée à 50 fr. par soirée pour les représentations dramatiques. Elle sera réduite de moitié pour les autres genres de spectacles.

ART. 22. — L'administration municipale prend l'engagement de ne point accepter de Cirque pendant la saison d'hiver, c'est-à-dire du 15 septembre au dimanche *Lœtare.*

ART. 23. — Dans le cas où, malgré les réclamations de l'administration, le directeur persisterait à conserver une troupe insuffisante ou trop faible, ou s'il refusait ou même négligeait d'observer régulièrement les clauses et conditions de son cahier des charges, le Maire, après avoir pris l'avis de la commission du théâtre, serait en droit de résilier le traité, en prévenant le directeur deux mois avant le dimanche *Lœtare.* L'arrêté portant résiliation du traité sera notifié par l'appariteur de la ville ; la résiliation partirait du lundi qui suivrait le dimanche *Lœtare,* et le directeur déchu n'aurait aucun droit à exploiter le théâtre pour la saison du printemps et, par conséquent, à prétendre à la subvention de mille francs, affectée aux représentations de la troupe d'opéra.

Fait à Châlons, le 17 mars 1876.

Le Maire,

HIPPOLYTE FAURE.

M. Rochette releva le théâtre. Il monta la grande opérette avec beaucoup de luxe, s'occupa avec grand soin de la mise en scène et des costumes, et parvint à secouer l'indifférence du public. Il força la recette, si l'on peut ainsi parler, et réalisa d'assez beaux bénéfices. Mais, en soignant ses intérêts personnels, il créa une sorte de précédent, qui rompt avec la tradition et qui dénature en partie l'esprit du traité. Nous voulons dire qu'il n'y a plus, à proprement parler, de démarcation de saisons. On joue l'opérette, une grande partie de l'hiver, et la même troupe continue, pendant la saison du printemps, à jouer l'opérette et le drame.

A la fin de la seconde année, M. Rochette, ayant trouvé l'occasion de prendre la direction d'un plus grand théâtre, réclama de la municipalité une augmentation de subvention, et, le conseil municipal n'accédant pas à sa demande, il donna sa démission.

Cette démission, bien que le directeur fût tenu encore pendant un an par son traité, fut acceptée, et, parmi de nombreux postulants, M. le maire choisit M. Saint-Aignan.

Nommé directeur, le 20 juin 1878, M. Saint-

Aignan reprit, avec ses charges et conditions ;
le traité passé avec M, Rochette. Son objectif a
toujours été d'intéresser le public en lui offrant
un spectacle varié, choisi et surtout composé de
nouveautés à succès. Ce genre semble réussir
auprès de notre population, qui, nous devons
bien le dire, à notre grand regret, envahit la
salle, lorsqu'on représente une pièce légère,
mais reste froide devant une œuvre sérieuse.

———————

Nous croyons devoir terminer ce chapitre en
donnant la liste chronologique des directeurs
du théâtre de Châlons, depuis 1835, c'est-à-dire
depuis l'époque où la société des auteurs dramatiques a commencé à fonctionner régulièrement. Nous n'avons pu recueillir aucun renseignement précis sur les directions qui ont exploité
notre scène avant cette époque.

Du 4 décembre 1834 au 12 mai 1835. — Jolivet.
Du 12 mai 1835 au 9 juin 1835. — Nestor.
Du 19 juillet 1835 au 11 octobre 1835. — Bougin
(Charles).
Du 22 novembre 1835 au 6 décembre 1835. —
Breton.

Du 28 février 1836 au 30 mai 1836. — Talier.

Du 15 septembre 1836 au 16 octobre 1836. — Breton.

Du 1er janvier 1837 au 12 mars 1837. — Roubière.

Du 20 avril 1837 au 1er mai 1837. — Nestor.

Du 10 août 1837 au 11 mars 1838. — Nestor.

Du 6 mai 1838 au 20 mai 1838. — Nestor.

Du 23 août 1838 au 27 décembre 1838. — Desbordes (Alfred).

Du 20 avril 1838 au 4 novembre 1839. — Desbordes (Alfred).

Du 27 février 1840 au 1er novembre 1840. — Desbordes (Alfred).

Du 21 janvier 1841 au 4 avril 1841. — Gastier de Sinsez.

Du 1er mai 1841 au 16 mai 1841. — Desbordes.

Du 17 avril 1842 au 1er mai 1842. — Desbordes.

Du 1er août 1842 au 31 octobre 1842. — Desbordes.

Du 11 décembre 1842 au 26 mars 1843 — Gastier de Sinsez.

Du 6 mai 1843 au 21 septembre 1843. — Desbordes.

Du 5 septembre 1843 au 13 décembre 1843. — Ernest de Lonchens.

Du 21 janvier 1844 au 24 mars 1844. — Desbordes.

Du 27 avril 1844 au 9 mai 1844. — Halanzier, Dufrénoy.

. Du 5 septembre 1844 au 1er décembre 1844. — Ernest de Lonchens.

Du 16 janvier 1845 au 27 avril 1845 — Halanzier.

Du 4 septembre 1845 au 2 novembre 1845. — Halanzier.

Du 13 novembre 1845 au 28 décembre 1845 — Ernest de Lonchens.

Du 1er janvier 1846 au 4 janvier 1846. — Ernest de Lonchens.

Du 1er mai 1846 au 12 novembre 1846. — Halanzier.

Du 3 décembre 1846 au 3 janvier 1847. — Ernest.

Du 22 avril 1847 au 10 mai 1847. — Halanzier.

Du 26 septembre 1847 au 21 novembre 1847. — Ernest.

Du 12 décembre 1847 au 21 mai 1848. — Paulin.

Du 10 août 1848 au 19 novembre 1848. — Paulin.

Du 20 février 1849 au 5 mai 1850. — Paulin.

Du 7 juillet 1850 au 21 juillet 1850. — Réné.

Du 3 octobre 1850 au 21 novembre 1850. — Ernest.

Du 22 décembre 1850 au 23 novembre 1851. — Réné.

Du 19 février 1852 au 13 mai 1855. — Réné.

Du 30 septembre 1855 au 25 novembre 1855. —
Firmin Bizet.

Du 20 décembre 1855 au 2 mars 1856. — Mériel.

Du 10 avril 1856 au 4 janvier 1857. — Firmin.

Du 4 février 1857 au 29 mars 1857. — Mériel.

Du 12 avril 1857 au 4 juin 1857. — Firmin.

Du 7 juin 1857 au 12 juillet 1857. — Mériel.

Du 27 juillet 1857 au 3 janvier 1858. — Firmin.

Du 24 janvier 1858 au 21 mars 1858. — Mériel.

Du 11 avril 1858 au 2 mai 1858. — Firmin.

Du 13 juin 1858 au 27 juin 1858. — Rousseau.

Du 1er juillet 1858 au 26 décembre 1858. —
Dupontavisse.

Du 2 janvier 1859 au 10 avril 1859. — Dupon-
tavisse.

Du 8 mai 1859 au 29 mai 1859. — Firmin.

Du 9 juin 1859 au 25 septembre 1859. — Dupon-
tavisse.

Du 4 décembre 1859 au 26 février 1860. — Firmin.

Du 11 mars 1860 au 15 avril 1860. — Dupon-
tavisse.

Du 6 mai 1860 au 13 mai 1860. — Firmin.

Du 15 août 1860 au 16 décembre 1860. — Dupon-
tavisse.

Du 23 décembre 1860 au 5 mai 1861. — Firmin.

Du 15 août 1861 au 13 octobre 1861. — Dupon-
tavisse.

Du 20 octobre 1861 au 19 janvier 1862. — Firmin.

Du 2 février 1862 au 20 avril 1862. — Dupon-tavisse.

Du 11 mai 1862 au 25 mai 1862. — Firmin.

Du 15 août 1862 au 12 octobre 1862. — Dupon-tavisse.

Du 16 octobre 1862 au 24 février 1863. — Fir-min.

Du 1er mars 1863 au 15 mars 1863. — Dupon-tavisse.

Du 26 avril 1863 au 12 juillet 1863. — Firmin.

Le 15 août 1863. — Dupontavisse.

Du 13 septembre au 13 décembre 1863. — Corail.

Du 10 janvier 1864 au 29 mai 1864. — Firmin Bizet.

Du 9 octobre 1864 au 21 mai 1865. — M. Fresson.

Du 24 septembre 1865 au 26 juin 1866. — M. Scribot.

Du 6 juillet 1866 au 26 février 1867. — M. Kuus-chnick.

Du 14 mars 1867 au 15 août 1869. — M. Montaigu.

Du 8 novembre 1869 à mai 1870. — M. Vial.

Du 9 novembre 1872 à mai 1875. — M. Vial.

D'octobre 1875 à mai 1876. — M. Fauve.

D'octobre 1876 à mai 1878. — M. Rochette.

Du 20 juin 1878. — M. Saint-Aignan. Le traité renouvelé ne doit expirer qu'en mai 1884.

CHAPITRE VII.

———

Réformes utiles à apporter au théâtre de Châlons.

———

La réforme la plus utile, la plus pratique, mais aussi la plus radicale, serait la démolition complète du théâtre ou plutôt son abandon, et sa reconstruction sur un plan plus vaste et mieux combiné ; car le théâtre actuel, quelques réparations, appropriations ou dépenses qu'on y fasse, sera toujours défectueux, aussi bien au point de vue de l'édifice, qui manque d'architecture, qu'à celui de la scène et de ses dépendances, qui sont absolument insuffisantes.

Nous allons passer successivement en revue toutes ses parties, et l'on verra que nous avons de très-sérieuses raisons de réclamer la construction d'un nouveau théâtre.

§ 1. — L'ÉDIFICE.

L'édifice n'a aucun style et le bâtiment, jeté
sur la gauche, n'a rien de régulier. Son appa-
rence, loin d'être monumentale, comme le voudrait une propriété municipale de cette importance, est très-mesquine et ne laisserait pas
deviner l'existence d'un théâtre à cet endroit.
La construction en est faite avec des matériaux
très-ordinaires, et dans beaucoup d'endroits la
décrépitude s'accuse fortement.

Quant à la question de sécurité, elle n'existe
pas plus au théâtre de Châlons que dans tous
les édifices du même genre construits depuis un
siècle, un demi-siècle au même depuis trente
ans. Nous avons, en effet, fait remarquer dans
un chapitre précédent, que dans presque tous
les théâtres de la province et même dans ceux
de Paris, à l'exception de l'Opéra, on ne sem-
blait pas se douter autrefois du besoin d'assurer
la sécurité du public. Le seul objectif était celui-
ci : entasser le plus grand nombre possible de
spectateurs dans un local le plus restreint possible. C'est pour cela que les couloirs sont de
vrais boyaux, dans lesquels deux personnes ne
peuvent pas marcher de front ; c'est encore pour
cette raison que les escaliers sont très-étroits,

que les dégagements font défaut, et que, lorsqu'un sinistre se produit — tous les théâtres
finissent toujours par l'incendie — on chiffre les
victimes par centaines. Et il est à remarquer que,
dans les incendies de théâtres, aucun spectateur
n'a jamais été brûlé ; on ne périt, dans de tels
sinistres, qu'étouffé par la bousculade, ou qu'as-
phyxié par l'impossibilité de trouver une porte
de sortie.

Nous reconnaissons que, depuis quelques
années, et surtout depuis les terribles incendies
de Nice, de Montpellier, de Vienne, la municipalité de Châlons a pris toutes les mesures possibles pour conjurer le sinistre, ou du moins
pour l'atténuer s'il se produisait : c'est ainsi que
des bouches d'eau sont placées à certains
endroits du théâtre et que les tuyaux y sont toujours vissés, et prêts à lancer leurs jets conver-
gents.

De plus, depuis quelques mois, une commission municipale a été spécialement nommée pour
étudier les moyens d'assurer la vie du public en
cas d'incendie ; mais ce à quoi on ne peut remédier, c'est à l'inflammabilité des matériaux
employés dans les anciens théâtres.

Comme nous ignorons quelles résolutions a
prises la commission municipale, nous nous per-

mettrons d'indiquer ici quelques mesures préventives contre l'incendie.

En outre des nouveaux dégagements qu'il
serait bon de créer, nous voudrions que des
règlements d'ordre général imposassent aux
théâtres l'obligation d'avoir un rideau de fer
maillé pour fermer instantanément l'ouverture
de la scène et protéger momentanément la salle,
en vertu de la propriété des toiles métalliques.

Une excellente innovation que nous avons vu
apporter cet hiver, au théâtre de Châlons, c'est
la lampe à huile dans toutes les parties de la
salle accessibles au public. La plupart des sinistres ont eu pour cause quelque accident survenu
dans les appareils d'éclairage. A Nice, les morts
s'entassaient dans l'obscurité. Impossible de se
diriger dans les couloirs sans lumière. Et, du
reste, on sait qu'à la simple imminence d'un
sinistre, l'administration du gaz ferme immédiatement le compteur. — Nous nous rappelons
encore la panique qui a eu lieu, l'an dernier, à
Châlons, au Cirque Milanais, à cause surtout de
cet excès de précaution.

Nous voudrions de plus que les flammes de la
rampe fussent renversées et entourées de grillages à mailles serrées.

Quant aux décors et aux accessoires, la question est peut-être un peu plus difficile, mais non impossible à résoudre. Les châssis sont tendus de toile, et, comme des cordons de gaz les surchauffent sans cesse derrière les portants, il est certain qu'une étincelle suffirait pour que le feu les dévorât en un instant.

Or, nous avons retrouvé, dans une ordonnance de police de 1835, un règlement ordonnant dans tous les théâtres de Paris l'emploi exclusif d'accessoires incombustibles. A l'aide de certains sels, les décors et différents tissus sont rendus ininflammables. Il est vrai d'ajouter qu'exposés pendant des soirées entières à une température très-grande, ils recouvrent, au bout d'un certain temps, leur combustibilité originelle ; mais comme les substances, servant à préparer ces mixtures spéciales, sont vendues à très-bas prix, les décors pourraient être imprégnés, tous les ans, par exemple, de la solution protectrice.

A l'appui de ce que nous venons de dire, nous citerons encore deux faits :

« En 1869, la Société d'encouragement pour l'industrie nationale offrit un prix de 2,500 fr. à celui qui trouverait un moyen pratique pour rendre incombustibles les matières facilement inflammables. Le prix ne devait être décerné

10

qu'en 1880. Eh bien ! la Société d'encouragement a décerné, l'année dernière, son prix, et le
procédé qu'elle a jugé digne de cette récom-
pense consiste dans un mélange de sels ammo-
niacaux, d'acide borique et de borax dissous
dans l'eau.

« Les tissus ou les bords qu'on veut rendre
incombustibles sont ou empesés ou badigeon-
nés avec cette composition. »

Voici le second fait :

« Le préfet de Rome, voulant rendre plus
prompte et plus sûre l'exécution du nouveau
règlement sur les théâtres, au point de vue des
probabilités d'incendie, a fait faire à l'institut
chimique, sous la direction du sénateur Caniz-
zaro, plusieurs expériences sur la non-inflamma-
bilité des matières combustibles.

« Ces expériences ont donné les résultats suivants :

« 1° Outre les diverses substances chimiques
dont on a fait usage dans divers théâtres, on
peut rendre non inflammables les matières de
combustion facile en les enduisant à diverses
reprises d'une solution saturée de sulfate d'aluminium ;

« 2° Cette solution peut être aussi employée
pour les décors en papier déjà en usage.

« La sulfate d'aluminium joint, à l'avantage
de rendre non inflammables les matières de combustion facile, celui d'être très répandu dans le
commerce et de coûter fort peu, parce qu'on
en extrait une très grande quantité des terrains
de la Tolfa.

Ce qu'il faut, avant tout, chercher, c'est la
possibilité de gagner, en cas de sinistre, un peu
de temps ; car c'est là surtout le moyen de
sauver la vie d'un plus grand nombre de personnes. Au premier cri d'alarme, en effet, on s'é-
crase aux portes, et la panique se communique
si facilement dans les masses que si, dans une
salle, se répand une vague odeur de brûlé, il y
a chez tous les assistants un mouvement instinc-
tif. On se regarde avec inquiétude, et le premier
spectateur qui fait mine de détaler en entraîne
une centaine après lui.

Dans les anciens théâtres, il est donc urgent
non-seulement de prendre toutes ces précautions, mais encore d'élargir toutes les portes et
de multiplier les issues. Si l'on construisait
un nouveau théâtre, il faudrait tout d'abord faire
choix d'un emplacement suffisant pour que le
nombre de spectateurs voulu pût prendre place
sans être gêné ; il faudrait de plus, qu'il y eût
partout, dans la salle, dans les couloirs, dans

les escaliers, dans les abords de l'édifice, une circulation commode et facile.

§ 2. — LA SALLE.

La salle du théâtre de Châlons est assez bien disposée, mais le nombre des places (1) est trop restreint, précisément à cause de l'emplacement resserré sur lequel est élevé le théâtre. Ce qui manque, c'est :

1° La séparation des places, au parterre comme aux secondes ;

2° Une galerie circulaire en avant des premières ;

3° Des baignoires sous les premières ;

4° Un troisième étage pour les militaires ;

5° Un espace plus grand pour l'orchestre, qui est trop resserré, lorsqu'il. est au complet, et qui, du reste, devrait se trouver sur un plancher

_____

(1) Voici exactement le nombre des places que contient le théâtre de Châlons :
Fauteuils, 42 places à 2 fr. 50.
Premières, 150 places à 2 fr. 50.
Stalles, 62 places à 2 fr.
Parterre, 200 places à 1 fr. 25.
Secondes, 250 places à 1 fr. 25.
Le nombre des places est donc de 704 ; de sorte que si toutes les places étaient occupées, la recette s'élèverait à 1,141 fr. 50 ; mais avec les billets de faveur et les demi-places, le maximum de la recette ne dépasse jamais 850 francs.

plus élevé, afin que le son arrive plus clairement et sur la scène et dans la salle.

§ 3. — La Scène.

La scène est spacieuse. Soixante personnes y
peuvent agir à l'aise. Nous ne devons pas demander davantage. Mais les moyens d'action du
machiniste y sont très-restreints. Il est impossible d'y réussir les trucs élémentaires, parce
qu'il n'y a qu'un dessous et que le plancher ne
comporte qu'une trappe, assez primitive. De plus,
avec le plancher actuel, il n'est pas possible
d'équiper une seule ferme par le bas.

§ 4. — Les Décors.

Nous avons vu plus haut le chroniqueur du
Journal de la Marne faire l'éloge des décors.
Et il avait raison, puisque, alors, c'est-à-dire en
1842, ils étaient neufs. Aujourd'hui, ce sont les
mêmes décors, et, malgré un certain cachet de
distinction qui leur reste, nous ne pouvons plus
les admirer ; car ils sont bien fripés, bien défrat-
chis. Si, une ou deux fois par an, lorsqu'on
représente une nouveauté à succès, on voyait
seulement apparaître un décor neuf, on saluerait
volontiers le nouvel arrivant ; mais il n'en est pas
ainsi. Cependant si une personne portait les qua-

tre ou cinq mêmes vêtements pendant quarante ans, on finirait par trouver ces toilettes un peu *rococo*.

Il serait donc indispensable, pour le moment, et de faire retoucher les toiles existantes, qui, rajeunies, seraient encore très-convenables, et de compléter le jeu par quelques décors nouveaux indispensables, tels qu'une façade de palais, un salon Louis XV, une chambre bourgeoise, etc., puis des accessoires, tels que murs, bancs, mobiliers de plusieurs styles et objets usuels.

Il serait également nécessaire qu'il y eût, dans le cintre, au moins deux herses. La herse est un cylindre elliptique en tôle traversant le théâtre, au-dessus de la scène, et caché par les frises, dont une partie ouverte et munie d'un grillage métallique laisse échapper les feux d'une traînée de becs de gaz, situés à l'intérieur. Cet appareil est suspendu par des chaînes, qui sont elles-mêmes rattachées à des cordages, à la distance où la chaleur de la herse ne peut plus les mettre en danger. Une des extrémités du tube est fermée, l'autre peut être rattachée à une conduite de gaz par un tuyau en caoutchouc.

La scène, qui est assez vaste, a besoin de ce complément d'éclairage par le haut.

Enfin, il faudrait encore que le plancher et le dessous fussent appropriés aux usages du théâtre moderne, pour que l'on pût équiper quelques fermes par le bas, afin de disposer plusieurs plans sur la scène.

Ces modifications, qui ne seraient pas très-coûteuses, offriraient pour la mise en scène de notre théâtre de très-grands avantages.

§ 5. — LES LOGES D'ARTISTES.

Derrière la scène, se trouve la partie du théâtre réservée aux artistes. Doit-on donner le nom de loges aux sortes de refuges dans lesquels les artistes se déshabillent, s'habillent, se fardent, se griment, etc.? Nous disons loges, parce que c'est le terme consacré, mais véritablement le mot est impropre. Dans ces infects taudis, rien n'est confortable, ni commode, ni convenable.

Sur le même plan que le plancher de la scène, nous trouvons le magasin d'accessoires et de décors, qui n'a d'autre plafond que la toiture, d'où il reçoit la lumière. Ce magasin est très-petit ; les décors et les accessoires sont les uns sur les autres. Pour prendre un objet, il en faut déranger dix. Or, à cet encombrement, si on ajoute que, les soirs de représentations, les machinistes, les tapissiers, le garçon du théâtre, le régisseur doivent se mouvoir dans ce petit espace, on peut se rendre compte du peu de *praticabilité* de l'endroit.

Ce magasin devrait donc être au moins trois fois plus vaste ; d'ailleurs, comme on l'a vu à l'art. 9 de l'arrêté préfectoral, il n'est plus placé dans les conditions règlementaires, c'est-à-dire qu'il devra être établi hors de l'enceinte du théâtre.

A côté du magasin d'accessoires, on entre dans le foyer des artistes. C'est une pièce dont l'utilité est très-marquée. C'est là que les artistes attendent leur entrée en scène ; c'est là que sont affichés les règlement, la distribution des pièces, les heures d'études, les amendes, etc. Cette chambre est assez proprette, mais d'une exiguité qui ne correspond plus au chiffre du personnel d'une troupe bien montée.

Si nous gravissons l'étroit escalier de droite, nous arrivons à la loge du régisseur et à celle qui sert à la première chanteuse et au premier rôle-dames.

La chambrette du régisseur lui laisse juste le moyen d'installer une table, une chaise, quelques postiches, et c'est tout. Si les principaux artistes hommes et dames avaient de telles loges, il n'y aurait rien à dire ; mais un régisseur a besoin d'avoir toute la comptabilité de son administra-

tion, les pièces du répertoire, les partitions, les parties d'orchestre, etc. Il faudrait
donc pour la régie un bureau assez spacieux,
avec rayons et placards.

Quant à la loge des premiers rôles-dames,
c'est tout simplement un cabinet noir, dans
lequel il est bien difficile à deux personnes de se
mouvoir. C'est cependant là que deux dames
parviennent à se faire coiffer et habiller, et se
préparent à devenir, deux minutes après, reines
ou princesses.

Cette petite excursion dans les affreuses man-
sardes qu'on décore du nom de loges d'artistes
est encore agréable à côté de celle qu'il faut
opérer pour descendre aux chambrées destinées
au gros de la troupe.

Un étage au-dessous de la scène, et de plein
pied avec la Place de la Comédie, se trouvent, à
droite la chambrée des hommes, à gauche celle
des dames.

On a vu que les deux premiers rôles-dames
avaient encore le privilège de posséder un petit
cabinet pour procéder à leur toilette; mais les
autres artistes n'ont pas cet avantage. Le premier rôle, comme l'utilité, comme le figurant,
s'habillent dans une seule pièce qui a à peu près
trente mètres carrés, dont le tiers est pris par

les tables, lavabos et chaises. Comme porte-man-
teau, on a installé au plafond, et au milieu de la
chambre une tringle, à laquelle pendent les vêtements; de sorte que, pour se laver et se grimer,
les artistes doivent passer sous cette haie d'ha-
bits et de défroques.

Quant aux dames, elles sont encore moins
bien logées. Il leur est attribué une soupente
sous l'escalier de gauche, complètement obscure,
sans aération, sans autre ouverture que celle de
la porte, qui leur donne accès à la scène. Cette
chambre a des dimensions encore plus restrein-
tes que celle des hommes.

Tel est l'état de lieux dans toute sa simplicité.
Il n'est pas besoin d'assombrir encore ce tableau,
pour montrer que la partie du théâtre réservée
aux artistes des deux sexes est tout-à-fait insuffisante.

Pour remédier à un tel état de choses, si l'on
doit — comme cela est probable, — conserver
encore, pendant bien des années, le théâtre à son
emplacement actuel, il faudrait, de toute nécessité, agrandir le théâtre du côté de la Place de la
Comédie, c'est-à-dire que cette place, qui est
déserte et qui, bordée de quelques maisons seulement, a très-peu d'importance, devrait être
aliénée en partie, de manière à rendre au théâtre

une profondeur de cinq à six mètres. Avec cet accroissement de dépendances, il serait possible de faire un magasin de décors, et d'établir plusieurs loges nouvelles pour les artistes, aussi bien dans le dessous qu'au niveau de la scène et à l'étage supérieur.

C'est le seul moyen — et encore ne serait-ce qu'un expédient — pour parer aux graves inconvénients que nous venons de signaler et qu'il serait urgent de faire cesser.

§ 6. — L'ORCHESTRE.

Nous avons dit, tout à l'heure, que l'orchestre était trop encaissé sous la scène. Il serait utile que le plancher fût élevé de 30 centimètres environ. L'exécution y gagnerait au point de vue de la sonorité, et les artistes seraient bien mieux guidés dans leur chant. Il serait également bien utile de sacrifier, au profit de l'orchestre, une rangée de fauteuils ; et ce sacrifice pourrait être bien compensé par l'addition des galeries et des nouvelles places que nous demandons.

Quant à la composition de l'orchestre, nous l'avons indiquée à un autre endroit. Dans les représentations de drames et de comédies, l'orchestre, ne servant qu'à faire oublier aux spectateurs la longueur des entr'actes, peut ne compter que douze ou quinze exécutants ; mais lorsqu'on joue un opéra-comique, nous voudrions voir l'orchestre au complet. Et cet orchestre ne serait autre que la section de symphonie de la Société Philharmonique, dont les membres seraient obligés statutairement à prêter leur concours au théâtre, moyennant rétribution proportionnelle pour les répétitions d'ensemble avec le chant et pour les représentations. L'étude des partitions faite préalablement dans les répétitions de section, serait pour la symphonie un excellent exercice, et le public serait satisfait d'assister à une représentation qui offrirait un réel attrait.

§ 7. — SUBVENTION.

L'argent est le nerf de la guerre ; il est également l'agent indispensable pour résoudre toutes les difficultés. La vérité indiscutable est donc que, pour avoir une bonne troupe, il faut la payer. Or, à Châlons, la subvention donnée par la ville à la direction est de trois mille francs. Est-elle suffisante pour imposer au directeur l'obligation d'avoir des artistes de talent et pour exercer sur son administration et sur son répertoire certain contrôle ? Nous ne le croyons pas.

Il est peut-être fâcheux, en principe, qu'une ville soit obligée de combler le déficit du théâtre,

c'est-à-dire que le peuple ne puisse pas payer
son plaisir. Mais il est certain que, sans subvention, personne n'accepterait la direction d'un
théâtre avec les conditions d'un cahier de charges ; de sorte que et par son importance et par
l'influence qu'il peut avoir sur l'esprit d'une
population, le théâtre doit être considéré comme
un établissement d'intérêt général, et partant
a droit à l'attention et aux soins d'une municipalité.

Nous disons que la subvention de trois mille
francs est insuffisante pour Châlons. En effet,
d'un côté, avec ces émoluments et ses propres
recettes, un directeur ne peut engager qu'un
nombre très-restreint d'artistes de talent ; et de
l'autre, la municipalité, sachant qu'avec les ressources qu'offre une petite ville de province, la
situation d'un directeur ne peut être très-bril-
lante, n'ose pas se montrer sévère dans l'exécution du cahier des charges.

Nous voudrions qu'il n'en fût pas ainsi et que
la municipalité, entourée de sa commission théâtrale, fût, au contraire très-exigeante aussi bien
pour le choix que pour la bonne interprétation
des pièces. Mais, pour arriver là, il faut faire de
réels sacrifices qui soient profitables. Et pour
qu'un sacrifice soit profitable, nous entendons

qu'il soit complet, et de nature à modifier entièrement une situation défectueuse.

' Nous voudrions qu'on donnât à un directeur
de théâtre, de l'importance de celui de Châlons,
une subvention de dix mille francs par an ; et
alors on serait en droit d'abord d'exiger une
troupe ou plutôt deux troupes homogènes et
pourvues d'un personnel d'élite; puis de poser
au directeur certaines conditions essentielles,
telles que : délimitation des saisons de comédie,
de drame et d'opéra-comique, ou obligation d'a-
voir des troupes distinctes pour la comédie et
pour l'opéra-comique — les seconds rôles de
drame pourraient seuls figurer comme choristes
dans l'opéra ; — représentation une fois par
mois d'un chef-d'œuvre des maîtres anciens, tels
que Corneille, Racine, Molière, Marivaux, etc.;
fixation des dépenses obligatoires pour l'orchestre d'opéra ; examen, scrupuleusement fait par
la commission du théâtre, du talent des artistes et refus de toutes les nullités, etc.

A propos des saisons théâtrales, nous sommes
complètement opposé à ce qu'on appelle aujour-
d'hui fort improprement la saison d'opéra, et
qui dure de Pâques à la fin de la foire, c'est-à-
dire environ six semaines. Une saison d'aussi
courte durée ne pourrait être faite que par une

troupe nomade, bien organisée, bien homogène, qui possédât parfaitement, et sans qu'il soit besoin d'études, cinq ou six opéras ; mais on comprend facilement qu'une troupe, rassemblée à la hâte et composée d'éléments très-variés, ne puisse donner que de l'à-peu près. Il n'y a pas de cohésion entre les artistes, et l'on arrive, l'un poussant l'autre, à la fin d'une pièce ; mais le goût n'a pas lieu d'être satisfait. Nous aimerions beaucoup mieux que le directeur eût deux troupes distinctes, et jouât, par exemple, l'opéra-comique deux jeudis et un dimanche par mois.

Pendant la foire des Sannes, le théâtre est généralement peu fréquenté ; mais comme la ville doit offrir aux étrangers qui la visitent, à cette époque, tous les genres de récréations possibles, il convient que le directeur soit obligé de donner des représentations au moins pendant une partie de la foire. La subvention a d'ailleurs pour but de combler le déficit que les exigences du cahier des charges pourraient faire incomber au directeur. Et, à notre avis, c'est même là le seul motif pour lequel une ville doive inscrire à son budget une certaine somme pour subventionner le directeur du théâtre ; car si la subvention ne devait pas, d'une part, servir à imposer certaines charges au directeur ; et de l'autre avoir pour but de forcer celui-ci à bannir du répertoire certaines insanités au point de vue moral et littéraire, à conserver de bonnes traditions, et même à résister quelquefois aux engouements passagers du public, — nous serions formellement opposé au principe de toute subvention.

§ 8. — LA COMMISSION THÉÂTRALE.

Une commission, composée d'hommes compétents et lettrés, est absolument utile ; mais il est essentiel que les membres qui en font partie prennent leur tâche au sérieux, qu'ils se réunissent périodiquement, qu'ils surveillent surtout les débuts, et qu'ils ne restent étrangers à rien de ce qui intéresse le théâtre.

L'administration municipale ne peut entrer dans le détail de tous les services qu'elle dirige ; c'est pourquoi, en ce qui concerne le théâtre, une commission active, zélée et à la hauteur des fonctions qui lui sont confiées, peut rendre de très-grands services. La municipalité de Châlons a donc été très-sage en prenant l'initiative d'instituer une commission : il lui sera bien facile d'assurer le fonctionnement régulier de ce rouage utile.

CHAPITRE VIII.

—

Conclusion.

—

Terminons en quelques mots cette succincte étude.

Nous avons eu, en l'entreprenant, un double but : examiner le niveau de l'art dramatique et lyrique en province, et rechercher les moyens d'améliorer la situation du théâtre de Châlons. Les conclusions que nous devons tirer sont donc de deux sortes, c'est-à-dire qu'elles doivent s'appliquer aux deux objets que nous venons de traiter.

Partant de ce principe, — qui ne peut guère être contredit, — que l'état, le département et la commune doivent avoir autant de souci des besoins intellectuels et moraux des populations que de la prospérité matérielle d'une nation, nous sommes en droit de dire que le soin de moraliser et d'instruire le peuple rentre dans

11

leurs attributions immédiates. Or, nous soutenons que le théâtre est un des plus puissants agents de moralisation, parce qu'étant un enseignement parlant et agréable, il a plus de facilités pour graver dans l'esprit de l'homme la notion du juste et de l'injuste, et pour éveiller ou entretenir chez lui cet amour de l'art et du beau, qui doit certainement le rendre meilleur.

Ceux qui ne regardent que superficiellement les choses, nous objecteront les écarts et les excès du théâtre. Mon Dieu! rien n'est parfait dans la nature, et le mal naît quelquefois d'un grand bien ; mais, à notre avis, ce n'est là que l'exception. Il ne faut pas que la vue d'un défaut fasse oublier les qualités dont il est entouré.

Si donc, comme nous le croyons sincèrement le théâtre a une grande influence sur les masses, il importe à l'État comme aux communes de guider le mouvement vers le but le plus élevé et le plus noble qu'on doive se proposer. C'est pourquoi nous pensons qu'une municipalité a pour devoir de se préoccuper vivement de tout ce qui peut élever le niveau de l'art, et de n'en pas laisser le soin à un industriel qui, visant à la recette, cherche avant tout à gagner de l'argent. Non pas que nous blâmions ce dernier, puisque gagner de l'argent est humain ; mais il faut combiner les moyens d'assurer, par une subvention convenable, un directeur contre les pertes qu'il pourrait subir, et en même temps veiller à ce qu'il fournisse à l'esprit du peuple un aliment intellectuel qui le fortifie et développe en lui de généreuses aspirations.

En résumé, les municipalités, qui ont tout intérêt à élever le niveau de l'art, peuvent y arriver par un choix intelligent des ouvrages, par la recherche judicieuse du talent et par de larges subventions aux théâtres et aux sociétés musicales.

En ce qui concerne le théâtre de Châlons, la situation actuelle obligera certainement la municipalité à voter prochainement d'assez forts crédits pour répondre aux *desiderata* que nous formulons ainsi :

1° Un crédit de 40 à 50,000 francs, pour réaliser les appropriations urgentes que nous avons indiquées dans le chapitre précédent ; pour augmenter le nombre des places et donner plus de confortable aux spectateurs ; enfin pour transformer la scène.

2° Un crédit annuel de 1,000 francs pour l'entretien intérieur de la salle et pour l'acquisition d'un ou deux décors, chaque année.

3° Une subvention de dix mille francs à donner au directeur, en tenant à l'exécution rigoureuse d'un cahier de charges. Une autre combinaison, peut-être plus avantageuse pour la municipalité et pour le public, consisterait à ne donner qu'une subvention de cinq mille francs en argent ; mais alors la ville prendrait à sa charge les dépenses nécessaires à l'éclairage de la salle et de la scène, puis et les allocations données aux choristes et à l'orchestre pour les répétitions et les représentations.

4° Confier à une commission théâtrale le soin d'épurer, au point de vue artistique, le personnel des troupes.

5° Enfin obliger les membres de la société symphonique et de la société chorale à assister, comme exécutants, aux répétitions et aux représentations théâtrales.

En terminant ce chapitre, nous tenons encore à faire remarquer que les 50,000 francs environ qu'il serait urgent de dépenser pour apporter quelques améliorations indispensables au théâtre, ne doivent être considérés que comme un expédient, une demi-mesure, et que le théâtre municipal sera encore, à de nombreux points de vue, très-défectueux. Dans de telles conditions, nous estimons qu'il serait plus utile pour la ville et plus profitable pour la population, que l'on se résignât à un sacrifice complet, lorsque les finances municipales le permettront, et que l'on construisît un nouveau théâtre.

L'emplacement actuel est convenable ; il est inutile d'en chercher un autre. Il suffirait de l'adjonction des trois ou quatre immeubles situés entre la rue de la Comédie et la ruelle de la Petite-Poissonnerie pour avoir une superficie de terrain permettant d'élever à cet endroit un bel édifice, un monument qui concourrait à l'embellissement de la cité, répondrait aux exigences actuelles du théâtre, et pourrait offrir à la population toutes les garanties de confortable et de sécurité désirables.

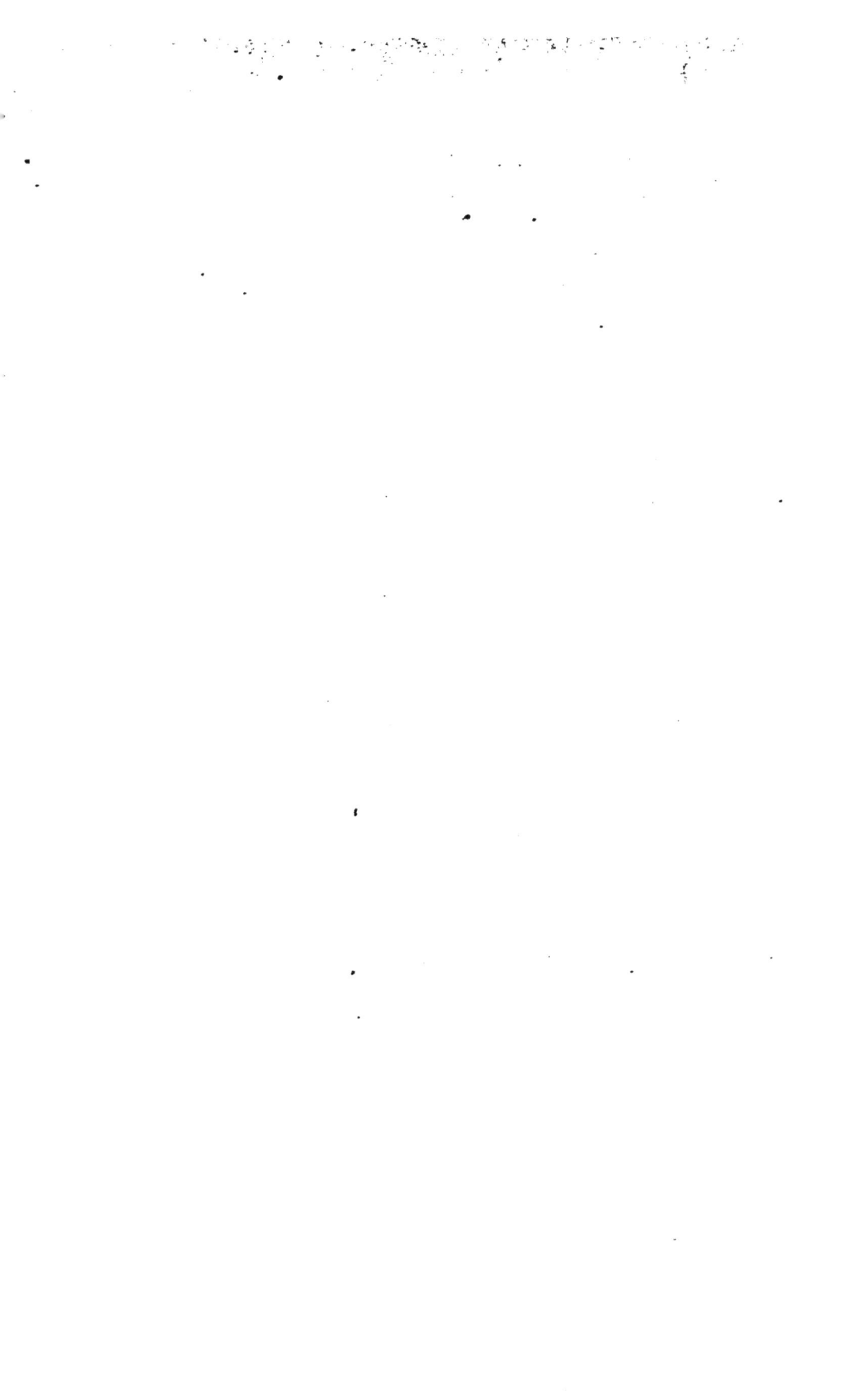

TABLE

—

Châlons, Typ. Le Roy. — 9371.

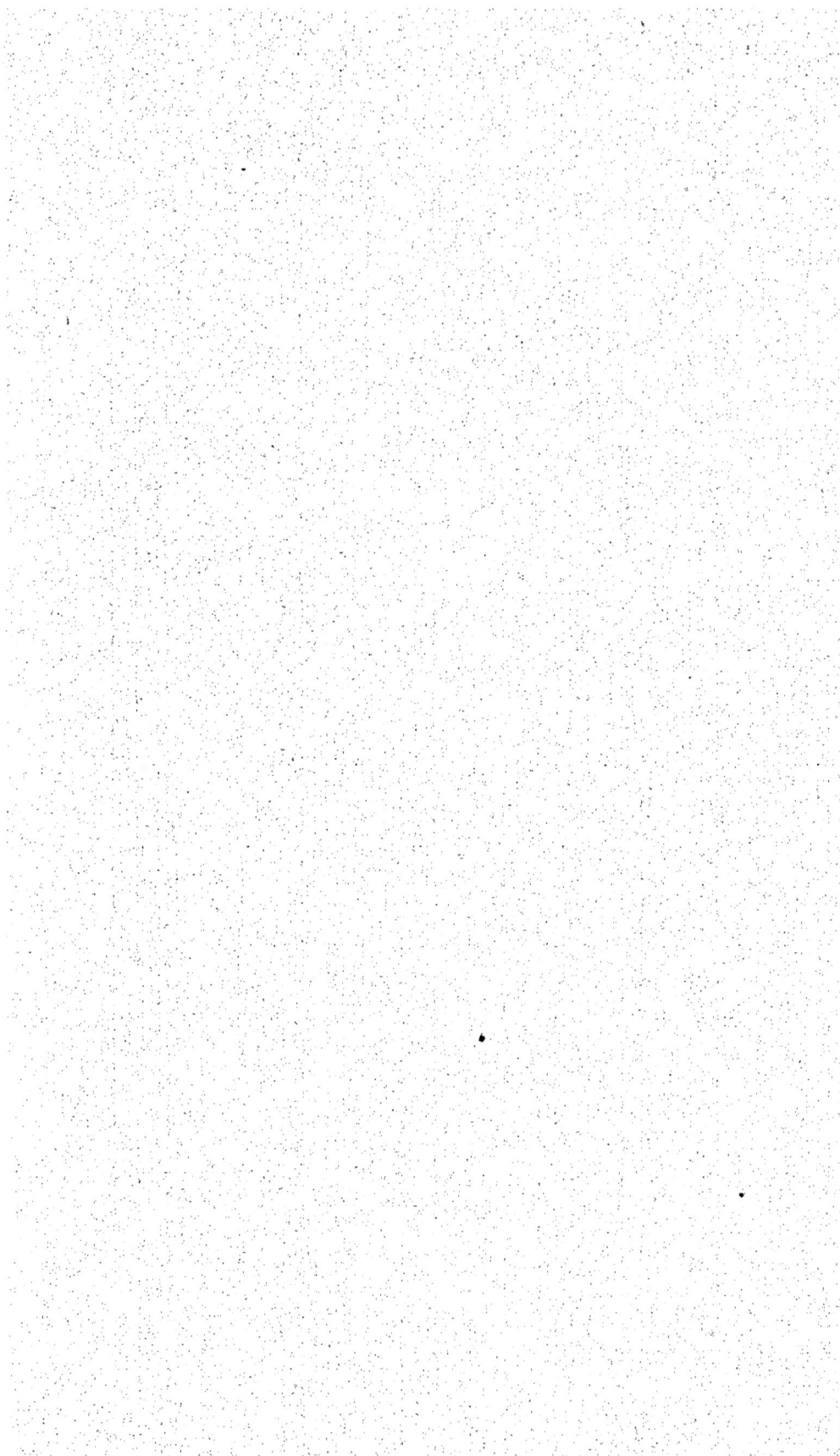

www.ingramcontent.com/pod-product-compliance
Lightning Source LLC
Chambersburg PA
CBHW072036080426
42733CB00010B/1909